C.H.BECK WISSEN

in der Beck'schen Reihe

Die Johanniter sind neben den Templern und dem Deutschen Orden der bedeutendste Geistliche Ritterorden des Mittelalters. Jürgen Sarnowsky erzählt kenntnisreich die bewegte Geschichte des Ordens, der auf ein Kreuzfahrerhospital in Jerusalem zurückgeht, und erklärt, wie es zur Spaltung in die evangelischen Johanniter und die katholischen Malteser kam, die beide bis heute der Krankenpflege verpflichtet sind.

*Jürgen Sarnowsky*, geb. 1955, lehrt als Professor für Mittelalterliche Geschichte an der Universität Hamburg. Er ist u. a. Zweiter Vorsitzender der Historischen Kommission für ost- und westpreußische Landesforschung und Mitglied der Internationalen Historischen Kommission zur Erforschung des Deutschen Ordens. Zahlreiche Publikationen zu den geistlichen Ritterorden; in der Reihe C.H.Beck Wissen erschienen von ihm bereits «Der Deutsche Orden» (2007) sowie «Die Templer» (2009).

Jürgen Sarnowsky

# DIE JOHANNITER

*Ein geistlicher Ritterorden in Mittelalter und Neuzeit*

Verlag C.H.Beck

Mit 6 Abbildungen und 3 Karten

Originalausgabe

Satz: Fotosatz Reinhard Amann, Aichstetten
Druck und Bindung: Druckerei C.H.Beck, Nördlingen
Umschlagentwurf: Uwe Göbel, München
Umschlagabbildung: Die Fahne der Johanniter aus Matthäus Paris' «Chronica majora», 13. Jh.
Printed in Germany
ISBN 978 3 406 62239 7

*www.beck.de*

# Inhalt

# Einleitung

Das achtspitzige weiße Kreuz auf rotem Grund ist heute überall in der Welt ein bekanntes Symbol. In Deutschland wirken unter diesem Zeichen die Johanniter Unfall-Hilfe und der Malteser Hilfsdienst, aber auch die Mutterorganisationen Johanniter und Malteser sowie weitere damit verbundene Institutionen. Vielen ist nicht bewusst, dass es sich um Gemeinschaften mit demselben Ursprung handelt und die Johanniter heute den protestantischen, die Malteser den katholischen Zweig repräsentieren. Ebenso stellen die vielen Mittelmeer-Urlauber, die nach Rhodos oder nach Malta kommen, nicht immer einen Bezug zu den in der Heimat aktiven Johannitern und Maltesern her, wenn sie die baulichen Hinterlassenschaften des Ordens auf diesen Inseln besichtigen. Ungeachtet ihrer weiten Präsenz bis in die Gegenwart hinein ist die Geschichte der Johanniter weniger bekannt als die der beiden anderen großen geistlichen Ritterorden, der Templer und des Deutschen Ordens. Das hängt sicher damit zusammen, dass das spektakuläre Ende der Templer spätestens seit dem 18. Jahrhundert zu einer immer neue Blüten treibenden Mythenbildung geführt hat, während der Deutsche Orden durch die Rolle, die er im Mittelalter im Ostseeraum gespielt hat, und deren Rezeption bis heute auch politische Bedeutung besitzt.

Gemeinsam ist den drei Orden die Verbindung der monastischen Gelübde Keuschheit, Armut und Gehorsam mit dem Kampf für die Kirche und den Glauben, und alle orientierten sich am kämpferischen Vorbild der Makkabäer aus dem Alten Testament. Dennoch gab es zwischen ihnen erhebliche Unterschiede, die auch den Zeitgenossen bewusst waren. Als der letzte Meister der Templer, Jacques de Molay, 1306/07 vom Papst aufgefordert wurde, zu den Plänen für eine Union der Ritterorden Stellung zu nehmen, riet er davon ab. Dies würde den Kreis der Stifter und Wohltäter verringern, die an Templer und Johanniter unterschiedliche Erwartungen richteten. «Denn der Orden der Johanniter», hob Molay hervor, «ist auf der Hospitalität begründet, und darüber hinaus üben sie Kriegsdienst aus und geben viele Almosen, aber der der Templer ist eigentlich auf dem Kriegsdienst begründet [...]» (Dossier, hrsg. v. Lizerand, S. 6–7). Dies bedeutet eine klare Abgrenzung: Allein die Templer haben danach den Kriegsdienst als eigentliche Stiftungsaufgabe, die Johanniter dagegen sind nach dieser Darstellung vor allem zur Fürsorge für Kranke, Arme und Alte gegründet worden, während sie den Kriegsdienst nur als zusätzliche Aufgabe übernahmen.

In der Tat entstanden die Johanniter – ähnlich wie danach der Deutsche Orden – aus einer Hospitalgemeinschaft und blieben diesem Ideal während ihrer gesamten Geschichte verbunden. So erscheint der Orden in den Quellen nahezu durchgängig als «Hospital des hl. Johannes zu Jerusalem» oder sogar kurz als «Hospital zu Jerusalem», und sein Leiter wird zum «in Demut Meister und Beschützer der Armen Jesu Christi» stilisiert. Die Ausbildung eines kämpfenden Ordenszweiges, die von der Forschung als «Militarisierung» charakterisiert worden ist (Alan Forey), vollzog sich im 12. Jahrhundert als langsamer und schwieriger Prozess, der nicht zuletzt immer wieder auf innere Widerstände stieß. Die Übernahme militärischer Aufgaben, die Aufnahme von Ritterbrüdern und die Stellung von Kontingenten für das Heer des Königreichs Jerusalem schienen vielen mit den ursprünglichen Idealen unvereinbar. Am Ende erwies sich jedoch die Entwicklung zum Hospital- und Ritterorden als unumkehrbar, und das adlige Element gewann zunehmend an Gewicht. Es entstand eine Organisation, die zugespitzt, aber treffend als eine Art Verbindung zwischen NATO und Rotem Kreuz beschrieben wurde (Anthony Luttrell).

Die Anfänge der Gemeinschaft am Hospital zu Jerusalem waren bescheiden, doch – ähnlich wie etwas später bei den Templern – kam es bald zu einer rasanten Ausbreitung im Heiligen Land wie auch im lateinischen Westen. Der aus zahlreichen Stiftungen hervorgegangene Ordensbesitz wurde in eigenen Verwaltungseinheiten organisiert, und der Meister und die Brüder der Johanniter spielten in Politik und Kriegswesen der Kreuzfahrerstaaten vielfach eine herausragende Rolle. Im späten 12. und im 13. Jahrhundert agierten die Johanniter im Heiligen Land gleichberechtigt neben den Templern und dem 1198/99 aus einer Hospitalgemeinschaft in einen Ritterorden umgewandelten und in den 1220er Jahren gleichgestellten Deutschen Orden. Nach dem Verlust der letzten christlichen Besitzungen um Akkon 1291 gelang es den Johannitern – anders als den Templern, die schließlich 1312 auf dem Konzil von Vienne für aufgelöst erklärt wurden –, sich mit der Eroberung von Rhodos und seinen Nachbarinseln ein neues Aufgabenfeld zu erschließen. Auch wenn sie hier spätestens seit den Angriffen der Mamluken-Herrscher von Ägypten aus (1426/40) in die Defensive gerieten, erfuhren sie im christlichen Europa doch weitgehende Aufmerksamkeit. Dies setzte sich nach dem Verlust von Rhodos an die Osmanen (1522/23) fort, da sich der Orden nach einer kurzen Phase der Unsicherheit 1530 mithilfe Kaiser Karls V. auf Malta niederlassen konnte. Während durch die Reformation in vielen Regionen Häuser des Ordens verlorengingen und es zur Ausbildung eines protestantischen Zweiges kam, konnte Malta 1565 gegen einen massiven Angriff des Osmanischen Reichs verteidigt und bis 1798 gehalten werden. Napoleons Eroberung der Insel führte zu einer tiefgreifenden Krise, die erst durch eine allmähliche Reorganisation des katholischen Zweiges, der Malteser, im Laufe des frühen 19. Jahrhunderts beseitigt werden konnte.

Die Geschichte des Johanniterordens bildet zweifellos eine Einheit, doch versteht man seine Entwicklung in der Moderne nicht ohne den Rückgriff auf das Mittelalter und die in dieser Zeit ausgebildeten prägenden Strukturen. Auch wenn die neuzeitliche Geschichte ebenfalls Berücksichtigung findet, bildet diese Epoche deshalb den Schwerpunkt der Darstellung.

# I. Die Anfänge

## 1. Das Jerusalemer Hospital

Im 12. und 13. Jahrhundert entstanden neben den herkömmlichen monastischen Gemeinschaften zahlreiche neue Orden und Ordensformen, nicht zuletzt die geistlichen Ritterorden und die Bettelorden, die sich bald einem gewissen Rechtfertigungsdruck gegenübersahen. Den Templern kam mit dem Zisterzienserabt Bernhard von Clairvaux einer der bedeutendsten Gelehrten und Kirchenmänner seiner Zeit zu Hilfe, der in seiner Schrift «Über das Lob der neuen Ritterschaft» ein Idealbild der kämpfenden Gemeinschaft zeichnete, das Vorbildcharakter gewann. Andere Orden versuchten dagegen, ihre Ursprünge möglichst weit zurückzuverlegen, in die Epoche der Kirchenväter oder sogar der biblischen Ereignisse. Auch bei den Johannitern wurden seit dem Ausgang des 12. Jahrhunderts verschiedene Fassungen einer Gründungsgeschichte überliefert, die die Wurzeln der Gemeinschaft – vielleicht in bewusstem Gegensatz zu den Templern und dem jüngeren Deutschen Orden – bis in die Zeit des Alten Testaments zurückführen. Die *Miracula*, die Legenden des Ordens, finden sich gelegentlich eigenständig, aber vor allem in den einleitenden Teilen der Statuten-Handschriften.

Eine der älteren Fassungen beginnt mit einem Grabraub, der im zweiten vorchristlichen Jahrhundert stattgefunden haben soll. Ein Priester namens Melchiar habe das Grab König Davids ausgeraubt und dafür unter der Auflage Vergebung erlangt, mit den Geldern ein Hospital zu gründen. Auch der Anführer der jüdischen Rebellen gegen die Herrschaft des Seleukidenreichs über Palästina, Judas Makkabäus (gest. 160 v. Chr.), soll sich mit der Stiftung von 12 000 Drachmen an der Ausstattung des Hospitals beteiligt haben. Die Annahme einer frühen Gründung erlaubte es, danach wesentliche Ereignisse der Heilsgeschichte im Hospital anzusiedeln. So sollen sich selbst Jesus und die Apostel dort aufgehalten und Wunder gewirkt haben. Die folgenden Jahrhunderte werden nur knapp umrissen und durch eine Klage über die Bedrängnisse unter der muslimischen Herrschaft ergänzt. Von dem ersten bekannten Leiter des Hospitals, Gerard, heißt es, er habe 1099 die Kreuzfahrer während der Belagerung von Jerusalem aus der Stadt heraus mit Brot versorgt. Abschließend wird auf Raymond du Puy verwiesen, der die Regel kompiliert habe. Als einziger Hinweis auf die in dieser Zeit sich vollziehende Militarisierung des Ordens werden die vielen Häuser und Burgen genannt, die errichtet wurden. Die Hospitaltradition herrschte hier also noch vor.

Die Legenden wurden immer wieder bearbeitet und kursierten in mehreren Sprachen, in Latein, Nord- und Südfranzösisch sowie Anglo-Normannisch. Auch als die Johanniter im 15. Jahrhundert daran gingen, die unübersichtlich gewordenen Statuten redaktionell zu bearbeiten und neu zu kodifizieren, blieb die Gründungslegende ein zentrales Element im Selbstverständnis der Brüder. So bieten die unter der Leitung des Vizekanzlers Guillaume Caoursin 1489 abgeschlossenen *Stabilimenta* eine weitere Version, die diesmal zudem der Militarisierung des Ordens Rechnung trägt. Sie setzt direkt bei den kämpferischen Makkabäern an. Angesichts zahlreicher Toter und Verwundeter habe Judas Makkabäus angeordnet, angemessen für Totengedächtnis und Krankenpflege zu sorgen, und sein Nachfolger, Johannes Hyrkanos [I.], habe dann mit Geldern aus dem Grab Davids das Hospital gegründet. Wiederum wird die Gegenwart Jesu im Hospital angenommen; anders aber als in der älteren Fassung geht man nicht von einer kontinuierlichen Existenz aus, vielmehr sei erst mit Gerard eine stabile Situation eingetreten. Als Grund für die Militarisierung wird ein Aufruf von Papst Lucius erwähnt, in dem er die Ritterschaft dazu auffordert, dem Orden beizutreten, um das Hospital und die Pilger zu verteidigen. Die Brüder konnten somit als wahre Nachfolger von Judas Makkabäus und Johannes Hyrkanos in der Fürsorge für die Armen und im Kampf für Kirche und Glauben gelten.

Vielleicht als Reaktion auf die Kritik, die die Gründungslegende bei einigen Brüdern des Ordens fand, wurde die lange Existenz des Ordens relativiert. Einer der wenigen Gelehrten der Gemeinschaft, Guillaume de Saint-Estène oder Guglielmo di Santo Stefano (seine Herkunft ist unklar), sammelte um 1300 Material zur Geschichte der Johanniter. Er kam zu dem Ergebnis, dass der Orden erst unter sarazenischer Herrschaft entstanden sei und auf eine Stiftung italienischer Kaufleute in Jerusalem zurückgehe. Dabei konnte er sich auf die Chronik des Guillaume de Tyr stützen, die rund hundert Jahre nach den Ereignissen, ab 1170, verfasst worden war. Dieser berichtet, Kaufleute aus Amalfi hätten vom Herrscher Ägyptens, dem fatimidischen Kalifen al-Mustansir, noch vor dem Ersten Kreuzzug Land in der Nähe der Grabeskirche in Jerusalem erhalten, darauf ein Maria geweihtes Kloster gegründet (St. Maria Latina) und es mit Benediktinermönchen besetzt. Für die Betreuung der zahlreichen Frauen unter den Pilgern sei bald darauf ein Tochterkonvent mit Maria Magdalena als Patronin entstanden. Beide Institutionen seien für die Versorgung der Pilger immer noch unzureichend gewesen, sodass man schließlich noch ein Hospital mit einer eigenen Kirche errichtet habe.

Archäologisch lassen sich weit zurückgehende Gebäudeteile erschließen, deren Kern ein mehrfach zerstörtes Hospiz sowie eine Maria und Johannes dem Täufer geweihte, ursprünglich griechisch-orthodoxe Kirche bildeten. Die Johannes-Kirche blieb auch nach der Errichtung des Hospitals im Wesentlichen unverändert, wurde vom Orden als Geburtsort des Namenspatrons verehrt und weiter genutzt, während im 12. Jahrhundert eine neue Konventskirche entstand. Die bei Guillaume de Tyr hervorgehobene Rolle der Amalfitaner wird durch süditalienische Chronisten bestätigt. Amato di Montecassino, Chronist der Normannenherrschaft in Süditalien, berichtet vom Engagement der Familie des Mauro di Pantaleone aus Amalfi für die Gründung von Hospizen in Antiochia und Jerusalem, und um 1080 fand Erzbischof Johannes von Amalfi bei seinem Jerusalembesuch zwei Hospitäler vor, eines für Männer und eines für Frauen, die von Amalfitanern kurz zuvor gegründet worden waren. Das belegt die Existenz zumindest von Sta. Maria Latina

1 Das Siegel des Meisters zeigt einen Kranken vor einem Tabernakel.

und Sta. Maria Magdalena, vielleicht auch schon des Johannes-Hospitals. Mit den Amtsdaten des Kalifen al-Mustansir (1036–1094) und dem Todesjahr Mauros (1071) lässt sich die Gründung von Sta. Maria Latina für die Zeit vor 1071 annehmen, und das Johannes-Hospital dürfte bald gefolgt sein.

Die frühe Eigenständigkeit dieser Institution ergibt sich vor allem aus den ältesten Zeugnissen nach der Eroberung Jerusalems durch die Kreuzfahrer im Juli 1099. So heißt es beim Chronisten Ekkehard von Aura über den ersten Herrscher in Jerusalem, Gottfried von Bouillon: Er «stellte Kirchen und Geistlichkeit, soweit es in seinen Kräften stand, wieder her, bildete Mönchsgemeinschaften und übertrug den Klöstern und dem Hospital, das schon immer in Jerusalem bestanden hatte, ehrerbietig zahlreiche Schenkungen» (Frutolf und Ekkehard, S. 159). Das erwähnte Hospital ist ohne Zweifel das spätere Mutterhaus der Johanniter, das neben den Klöstern schon 1099 als eigenständig genannt ist. So kann es nicht verwundern, dass das Hospital schon früh eigene Schenkungen erhielt, etwa nach der Schlacht von Ramla im Sommer 1101. Auch aus der getrennten Privilegierung von Kloster und Hospital durch Papst Paschalis II. in den Jahren 1112 und 1113 ergibt sich, dass letzteres nicht mehr Sta. Maria Latina untergeordnet war.

Die Urkunde von 1113 richtet sich ausdrücklich an Gerard als ersten Leiter (*institutor*) und Vorsteher des Hospitals. Sowohl nach den Gründungslegenden wie nach Guillaume de Tyr befand er sich schon während der Belagerung in der Stadt, obwohl die anderen Christen aus Jerusalem ausgewiesen worden waren. Als er die Kreuzfahrer mit Lebensmitteln versorgte, soll er gefangengenommen und gefoltert worden sein. Um seine Herkunft und seine Rolle im Zusammenhang mit dem Hospital ranken sich zahlreiche Legenden. Spätestens seit dem 17. Jahrhundert wird er mit der Provence (und dem Geburtsort Martigues) verbunden, 1749 wurden sogar angebliche Reliquien Gerards aus der Provence nach Malta überführt. Wie im Fall des angeblichen Beinamens *Tenc* (*Tenque*), der wohl auf eine falsch verstandene zeitliche Bestimmung (*tunc*) zurückgeht, gibt es dafür jedoch keine zeitgenössischen Belege. Als *institutor* war er keineswegs auch der Stifter des Hospitals, wird aber in enger Beziehung zu den amalfitanischen Stiftern gestanden haben – vielleicht kam er selbst aus Amalfi.

Wenn es im Bericht über die Reise des Erzbischofs von Amalfi weiter heißt, die Amalfitaner hätten an den Hospitälern ein gemeinschaftliches religiöses Leben begründet, stellt sich die Frage nach der frühen Lebensform am Johannes-Hospital und nach der Stellung Gerards. Damit wäre eine Anlehnung an die Benediktiner in Sta. Maria Latina denkbar. Gerard wäre somit entweder ein Laienbruder oder als Infirmar des Klosters sogar Benediktinermönch gewesen, und etwas Ähnliches müsste man für die anderen Mitglieder der sich am Hospital formierenden Gemeinschaft annehmen. Es ist zu wenig über die Anfänge bekannt, um das völlig ausschließen zu können. Die klare Trennung von Kloster und Hospital 1112/13 lässt dies allerdings als unwahrscheinlich erscheinen; zudem fehlt jeder Hinweis auf eine monastische Bindung Gerards und seiner Helfer. Vielmehr entstand spätestens nach 1099 um das Johannes-Hospital eine neue Institution, die ihren eigenen Weg ging.

## 2. Von der Hospitalgemeinschaft zum geistlichen Orden

Waren die Anfänge des Hospitals durch die Beziehung zu Sta. Maria Latina bestimmt, gewann danach eine andere, räumlich ebenso nahe Institution zunehmend an Bedeutung: der Patriarch von Jerusalem zusammen mit den Chorherren vom Heiligen Grab. Wahrscheinlich war es diese Verbindung, die das

Hospital stärker in das Bewusstsein des lateinischen Westens treten ließ. So macht eine Sammlung von Schenkungsurkunden, die sich in Toulouse erhalten hat, deutlich, dass sich Patriarch Daimbert von Jerusalem, Gerard und Papst Paschalis II. gemeinsam im Westen um Unterstützung für die kirchlichen Institutionen im Heiligen Land bemühten. Dies fällt, geht man von den Amtsdaten des Patriarchen (gest. 1107) aus, schon unmittelbar in die Zeit nach dem Ersten Kreuzzug, und die Form der Werbung hielt sich noch etwa bis zur Mitte des 12. Jahrhunderts. So nennen die Schenkungen dieser Zeit als Empfänger neben dem Hospital häufig das Heilige Grab. Da sich auch die frühen Templer eng an den Patriarchen banden, hat die Forschung vermutet, dass sich in den Jahrzehnten nach dem Ersten Kreuzzug um den Patriarchen von Jerusalem eine Dreiheit von Gemeinschaften mit ideell voneinander abgegrenzten Aufgaben gebildet habe. Die Chorherren vom Heiligen Grab seien dabei für Liturgie und Seelsorge, die Templer für den Pilgerschutz und die Johanniter für die Armen- und Krankenpflege zuständig gewesen.

Dass die drei Institutionen als in enger Beziehung zueinander stehend wahrgenommen wurden, zeigt nicht zuletzt das Testament des Königs Alfons' I. von Aragón aus dem Jahr 1131. Der zu diesem Zeitpunkt erbenlose Herrscher verfügte, wenn auch wenig realistisch, das Land solle zu gleichen Teilen unter die Chorherren vom Heiligen Grab, die Templer sowie die Johanniter aufgeteilt werden. Auch wenn sich die Bindungen an den Patriarchen bald wieder lösten, blieb die Nähe der Chorherren zu den Ritterorden noch im späteren Mittelalter im Bewusstsein. So erscheinen sie zusammen mit Templern, Johannitern und Deutschem Orden in der «Chronik der vier Orden von Jerusalem», die Ende des 15. Jahrhunderts in der Deutschordensballei Franken verfasst wurde.

Mit der Errichtung des Königreichs Jerusalem begann ein langsamer Prozess der Konsolidierung und Besitzausweitung des Hospitals. Schon Gottfried von Bouillon schenkte dem Hospital ein Dorf und zwei Backöfen, was eine regelmäßige Einnahmequelle bedeutete. Diese Schenkung wurde 1110 – zusammen mit weiteren Stiftungen – von Balduin I., dem ersten König von Jerusalem, bestätigt und durch weiteren Besitz in Jerusalem, Nablus, Jaffa und Akkon ergänzt. 1112 befreiten der Patriarch von Jerusalem und der Erzbischof von Cäsarea den bisher erworbenen Besitz von der Verpflichtung, den zehnten Teil der Erträge an die Bistümer abzuführen, wodurch diese Abgabe der abhängigen Bevölkerung nun dem Hospital zugutekam. Bald folgten Besitztümer in zwei anderen Kreuzfahrerstaaten, der Grafschaft Tripolis und dem Fürstentum Antiochia.

Auch in Europa kam es schon früh zu ersten Schenkungen. Bis 1110 erwarb das Hospital – noch zusammen mit dem «Heiligen Grab» – Besitz in Fonsorbes und Puysubran bei Toulouse, und weitere Häuser in Béziers und im Gebiet von Albi lassen sich erschließen. Wie ein erheblicher Schritt voran wirkt dann das erwähnte päpstliche Privileg für das Hospital, die (nach den Anfangsworten so zitierte) Bulle *Pie postulatio voluntatis* von Paschalis II. aus dem Jahr 1113, die eine erste Besitzstruktur erkennen lässt. An den Leiter Gerard gerichtet heißt es darin: «Wirklich sollen die Hospitäler und Armenhäuser in den westlichen Gebieten, bei der Burg St. Gilles, Asti, Pisa, Bari, Otranto, Tarent, Messina, berühmt durch den Titel des Namens Jerusalem, in Deiner und Deiner Nachfolger Untertänigkeit und Verfügungsgewalt bleiben, so, wie sie es heute sind.» (Übers. Die Johanniter, Hrsg. Wienand, S. 583) Es ist sicher kein Zufall, dass es sich bei diesen Städten mit Ausnahme von St. Gilles und Asti um Ausschiffungshäfen für die Pilgerfahrt ins Heilige Land handelt. So bleibt unsicher, ob dort schon Besitzungen bestanden oder auf diese Weise erst ein Netz zur Versorgung der Pilger geschaffen werden sollte. Anders verhält es sich wohl nur mit St. Gilles, das sich spätestens 1121 in der Hand der Gemeinschaft befand.

Die Bulle von 1113 lässt zudem erkennen, dass sich unter der Leitung Gerards und mit einer Gruppe von Brüdern nunmehr eine stabile kirchliche Institution gebildet hatte, die mit der Urkunde unter den Schutz des Apostolischen Stuhls gestellt wird. Alle Schenkungen werden bestätigt, selbst kultivierte Böden von Zehntzahlungen an die Bischöfe befreit. Zur Frage der

Nachfolge Gerards wird dort verfügt: «Wenn Du, zur Zeit Provisor und Vorsteher dieses Ortes, einmal gestorben bist, so soll niemand, weder durch List noch durch Gewalt, dort herausgestellt werden, wenn ihn nicht die Brüder dort nach göttlicher Eingebung erwählt und eingewiesen haben.» (ebd.) Die Gemeinschaft am Hospital war somit päpstlich anerkannt und hatte das Recht zur freien Wahl der Vorsteher. Zwar gingen die mit dieser Urkunde von 1113 verliehenen Rechte keineswegs über das hinaus, was vielen anderen geistlichen Institutionen in dieser Zeit zugestanden wurde, aber als Gerard – wahrscheinlich im September 1119 oder 1120 – starb, war dennoch ein erster Schritt für die spätere Entwicklung zum Orden hin getan.

Anzeichen sprechen dafür, dass auf Gerard ein nur kurz amtierender, namentlich nicht bekannter Leiter folgte. Bedeutsamer wurde dann Raymond du Puy, über dessen Herkunft allerdings wenig bekannt ist; die Annahme, er sei entweder aus Italien oder der Dauphiné gekommen, ist nicht beweisbar. Im Selbstverständnis des Ordens gilt er als eigentlicher Urheber der grundlegenden Regel, die durch Eugen III. (gest. 1153) bestätigt worden sein soll. Wahrscheinlich auf älteren Gewohnheiten am Hospital aufbauend und an Vorbildern wie der Benediktsregel und den Lebensnormen Augustins orientiert, entstand der Text wohl in der zweiten Hälfte seiner langen, bis etwa 1160 währenden Amtsperiode. Er regelt das alltägliche gemeinsame Leben im Hospital und die Betreuung der Armen und Pilger. Dazu kommen Strafbestimmungen im Fall von Verstößen gegen die Regel. Dieser Kernbestand wurde im Laufe der Jahrhunderte durch eine wachsende Zahl von Statuten und Gewohnheiten ergänzt, spiegelt aber bereits die sich jetzt vollziehende Umwandlung der Gemeinschaft in einen geistlichen Orden mit der besonderen Aufgabe der Hospitalität.

Diese Umwandlung wurde durch die Privilegien bewirkt, die Raymond von den Päpsten erhielt. 1135 befreite Innozenz II. die Brüder mit *Ad hoc nos disponente* von geistlichen Strafen wie Exkommunikation und Interdikt durch die Bischöfe und Erzbischöfe und damit faktisch von der bischöflichen Gerichtshoheit. Im Falle eines Interdikts, des Verbots geistlicher Handlungen an einem Ort oder in einer Region, durften die Johanniter weiterhin Gottesdienste abhalten. 1137 folgte *Christianae fidei religio*, in der der Papst dem Hospital gestattete, auf ihm übertragenen unbewohnten Ländereien Dörfer, Kirchen und Friedhöfe zu errichten, eine ihm verbundene Gemeinschaft von Laien zu gründen und einmal im Jahr an mit dem Interdikt belegten Orten Almosen zu sammeln. Dies wurde zwischen 1139 und 1143 in dem an die Prälaten gerichteten Schreiben *Quam amabilis Deo* wiederholt, das zudem die Aufforderung enthielt, den Johannitern für ein oder zwei Jahre die Aufnahme von Priestern in ihre Dienste zu gestatten. Eugen III. griff 1153 auf das ältere Privileg von 1135 zurück, ohne alle 1137 gewährten Rechte zu bestätigen. Erst die von Anastasius IV. erneuerte Bulle *Christianae fidei religio* von 1154 brachte schließlich eine Zusammenfassung der zuvor verliehenen Rechte und erlaubte den Aufbau eines ordenseigenen Klerus. Allerdings mussten die Priester weiterhin von den lokal zuständigen Bischöfen geweiht werden.

Anders als im Fall der Templer und ihrem großen Privileg *Omne datum optimum* von 1139 blieben für die Johanniter Reste der bischöflichen Oberhoheit über die Häuser des Ordens erhalten, wie ohnehin die Exemtion der Ritterorden aus der Gewalt der Diözesane immer umstritten war und sich vielfach vor Ort nicht vollständig durchsetzen ließ. Neben der Frage der bischöflichen Gerichtsbarkeit entzündeten sich die Konflikte insbesondere an den Zehntbefreiungen. So befürchtete z. B. die hohe Geistlichkeit der Kreuzfahrerstaaten erhebliche finanzielle Verluste. Schon 1155 reiste der Patriarch Fulcher von Jerusalem nach Rom, um dort Hilfe gegen die Orden zu erhalten, und 1179 brachte Guillaume de Tyr als Vertreter der Kirche des Heiligen Landes entsprechende Klagen auf dem III. Laterankonzil vor. Beschwerden dieser Art führten dazu, dass gerade für Neuerwerbungen des Ordens immer wieder Kompromisse gefunden werden mussten. Trotz dieser Probleme – und der nicht immer einheitlichen Linie des Papsttums – waren die Johanniter damit als überregionaler Orden mit eigener Geistlichkeit etabliert.

## 3. Die «Militarisierung»

In den Jahrzehnten, in denen die Privilegierung des Ordens ihren vorläufigen Abschluss fand, vollzog sich ein Prozess, der den Charakter der Gemeinschaft grundlegend verändern sollte: die «Militarisierung» der Johanniter. Die Übernahme militärischer Aufgaben geschah zweifellos nicht in Konkurrenz zu den Templern, sondern weil es die Situation im Heiligen Land erforderte. Pilgerbetreuung und Pilgerschutz waren eng miteinander verbunden, und die Übernahme von Besitzungen in umkämpften Gebieten schloss notwendig Maßnahmen zu ihrer Verteidigung ein. Dennoch erfolgte die «Militarisierung» später und zog sich länger hin, als dies gelegentlich angenommen worden ist.

Mögliche frühe Anzeichen müssen allerdings sehr vorsichtig interpretiert werden. In einer Schenkungsurkunde von 1126 erscheint ein Konnetabel des Hospitals, Durandus, doch spricht sein Platz in der Zeugenliste kaum für eine herausgehobene, eventuell militärische Stellung; und dass ein spanischer Johanniter 1130 *cum suis armigeris* (mit seinen Knappen) reiste, sagt noch nichts über ein militärisches Engagement auf der Iberischen Halbinsel aus. Insbesondere das Testament Alfons' I. von Aragón aus dem Jahr 1131 belegt, dass die Johanniter zwar als bedeutende Institution des Heiligen Landes, nicht aber schon als Ritterorden verstanden wurden. So sollte die vorgesehene Übernahme der Verwaltung von Tortosa durch das Hospital erst nach der Eroberung erfolgen. Auch im Heiligen Land ging es vorerst nur um Verwaltung, wie die Übergabe von Burg und Stadt Beit Jibrin (Bethgibelin) im Grenzraum zu Ägypten durch König Fulk 1136 zeigte. Die Johanniter sollten hier vordringlich Siedler gewinnen, den Landesausbau vorantreiben und so zur Einschließung des noch in muslimischer Hand befindlichen Askalon beitragen. Wie andere geistliche Institutionen, die Grundbesitz im Heiligen Land hatten, sollten sie ein Aufgebot der entstehenden Siedlung für das Heer des Königreichs organisieren, aber keineswegs mit eigenen Truppen.

Ein Wandel ergab sich dann allerdings durch die wachsende

Bedrohung der Kreuzfahrerstaaten, insbesondere der Grafschaft Tripolis und des Fürstentums Antiochia nach dem Verlust Edessas 1144. Zu diesem Zeitpunkt übertrug Graf Raimund II. von Tripolis den Johannitern eine Reihe von Burgen und Siedlungen, darunter den Crac de Chevaliers (der bis 1271 gehalten werden konnte), aber auch bereits verlorengegangene Stützpunkte im Grenzraum, die zurückerobert werden sollten. Sie wurden als Feudalherren mit allen Rechten ausgestattet und erhielten den Auftrag, die Verteidigung zu organisieren und Feldzüge gegen die Muslime zu unternehmen. War der Graf abwesend, durften sie die Beute behalten; und Raimund versprach, ohne Zustimmung des Hospitals keinen Vertrag mit den muslimischen Gegnern zu schließen. Ähnlich war die Situation im Königreich Jerusalem, wo ihnen Balduin III. 1147 Besitzungen und Rechte ausdrücklich mit dem Auftrag verlieh, das Königreich gegen seine Gegner zu verteidigen. Diese Tendenz verstärkte sich in den folgenden Jahren durch eine große Zahl von Schenkungen der weltlichen Großen.

Diese Ausweitung der Aufgaben des Hospitals ergab sich nicht so überraschend, wie es auf den ersten Blick scheinen könnte. Zwar hatte das Christentum dem Kriegsdienst in seinen Anfängen ablehnend gegenübergestanden, doch hatte nicht zuletzt der Kirchenvater Augustinus (gest. 430) Maßstäbe dafür entwickelt, wann Christen eine Teilnahme an Kämpfen erlaubt war. Der «gerechte Krieg» zur Verteidigung oder zum Wiedergewinn verlorenen Besitzes und erst recht der «Krieg im Namen Gottes» enthielten eine moralisch-theologische Komponente, die auch den militärischen Einsatz für andere zu einem guten Werk machte. Dies verstärkte sich mit der Entwicklung des Kreuzzugsgedankens, der die Pilgerfahrt mit dem Kampf gegen die Gegner von Glauben und Kirche verband und eine spirituelle Belohnung versprach. Die Übernahme militärischer Aufgaben dürfte so als Fortsetzung des Kampfes der Johanniter im Dienste der Armen gesehen worden sein, wie das Papst Eugen III. 1152 in einem Schreiben an das Hospital angedeutet hatte.

Raymond du Puy spielte schon bald bei den Beratungen über

die militärischen Unternehmungen der Kreuzfahrer eine wesentliche Rolle. So war er im Juni 1148 dabei, als die Teilnehmer des Zweiten Kreuzzugs den verhängnisvollen Beschluss zum Angriff auf Damaskus fassten; und Guillaume de Tyr berichtet, bei der Belagerung Askalons 1153 habe er König Balduin nur mit Mühe am Rückzug hindern können, nachdem die Templer das Unternehmen durch ihr eigenmächtiges Vorgehen in Gefahr gebracht hatten. Obwohl noch keine eigenen Truppen der Johanniter belegt sind, kann man annehmen, dass sie Aufgebote aus ihren Ländereien organisierten. Vielleicht wurden diese auch durch *servientes* oder Sergeanten verstärkt, die nach dem Schreiben Innozenz' II. *Quam amabilis Deo* von 1139/43 schon im Dienst des Hospitals standen, um die Pilger auf dem Weg zu den Heiligen Stätten zu schützen. Überhaupt kann man sich die Bewältigung der vielfältigen militärischen Aufgaben kaum ohne die Anwerbung von Söldnern vorstellen, die in den 1140er Jahren begonnen haben dürfte. Von da war es nur ein kleiner Schritt zur Aufnahme von Ritterbrüdern. Söldner waren auf Dauer eine sehr kostspielige Lösung, gerade wenn man kein eigenes militärisches Führungspersonal hatte. So ist es nicht verwunderlich, dass schon 1148 ein «Ritter und Bruder des Hospitals» Gilbert belegt ist.

Obwohl die Johanniter schon in den 1160er Jahren im Zusammenhang mit dem Ägyptenfeldzug König Amalrichs I. militärisch eine aktive Rolle spielten, vollzog sich die Ausbildung des Ritterbrüderzweigs keineswegs geradlinig. Meister Gilbert d'Assailly, der dabei die treibende Kraft war, sah sich mehrfach schweren Vorwürfen gegenüber und trat zweimal von seinem Amt zurück. Auch das Papsttum reagierte zeitweilig zurückhaltend. Noch 1178 ließ Alexander III. verlautbaren, der Orden solle sich auf seine eigentlichen Aufgaben konzentrieren und von Waffen fernhalten, «außer wenn die Fahne des Heiligen Kreuzes entweder zur Verteidigung des Königreiches oder für die Belagerung einer heidnischen Stadt herabgetragen wird». (Cartulaire général, 1, Nr. 527, S. 360–361) Zu diesem Zeitpunkt war die Entwicklung allerdings bereits unumkehrbar, denn die Kreuzfahrerstaaten brauchten in wachsendem Maße

Unterstützung. Zugleich entstanden militärische Ämter wie das des Marschalls und der Kastellane. Obwohl die Militarisierung in vollem Umfang erst auf dem Generalkapitel von 1204/06 Berücksichtigung fand und sich erst zu diesem Zeitpunkt die Unterscheidung zwischen Ritterbrüdern und Sergeants (*servientes*) durchsetzte, hatten schon unter Roger des Moulins 1182 erlassene Statuten auf die Entwicklung Rücksicht genommen. Zwar betonen diese noch die traditionellen karitativen Aufgaben, doch werden, wenn auch eher nebenher, erstmals «bewaffnete Brüder» (*fratres armorum*) eingeführt, «die der Heilige Orden ehrenhaft halten soll». (Cartulaire général, 1, Nr. 627, S. 429) Der letzte Schritt zum Hospital- und Ritterorden war getan.

## 4. Der Besitz im lateinischen Westen

Das Hospital erfuhr bald nach seiner Etablierung im Heiligen Land auch in Europa weite Anerkennung. Auf die ersten Schenkungen im südfranzösischen Raum folgte eine wachsende Zahl weiterer Stiftungen fast überall im Bereich der lateinischen Christenheit. Dabei gab es in einigen Regionen, so in Burgund, eine gewisse Konkurrenz zu den Templern. Doch standen im Westen noch lange nach der Militarisierung des Ordens die karitativen Aktivitäten, der Einsatz für Pilger, Arme und Kranke, im Zentrum, sodass ein anderer Kreis von Stiftern angesprochen wurde. Der Schwerpunkt der erworbenen Besitzungen lag zunächst im westlichen Mittelmeerraum. In England, Italien und vor allem im ostmittel- und nordeuropäischen Raum gelang erst nach dem Zweiten Kreuzzug (1147/49) ein Durchbruch.

Die Johanniter wurden vielfach von den führenden Adelsfamilien, aber auch vom Klerus unterstützt. In St. Gilles war es vielleicht Graf Raimund IV. von Toulouse, in Katalonien und der Provence die dort regierende Familie der Grafen von Barcelona. Ebenso stiftete der Erzbischof von Arles wohl schon 1115/26 dem Hospital die Thomaskirche in Trinquetaille, einer Vorstadt von Arles. Erster Besitz in der Normandie wurde vor 1135 durch König Heinrich I. von England übertragen und von seiner Tochter Mathilde erweitert. In England selbst folgte 1155 eine weitreichende Privilegierung unter Heinrich II., der die Johanniter den großen englischen Kronlehen gleichstellte. Daneben konnte Besitz in Wales, Irland und Schottland erworben werden. In dieser Zeit kamen weitere Stiftungen in Brandenburg, Mecklenburg, Pommern und Pommerellen (Westpreußen) dazu, so schon 1160 Werben in der Altmark mit einer Urkunde Markgraf Albrechts des Bären. Diese Schenkungen gingen oft mit einer persönlichen Bindung einher, wie bei Graf Berengar Raimund I. der Provence, der sich 1144 in Trinquetaille bestatten ließ, oder bei Herzog Hugo III. von Burgund (1162–1192), der Besitz um Dijon schenkte und dafür vom Orden als *confrater*, als weltlich lebender, aber durch den Prior von St. Gilles geistlich versorgter Mitbruder, aufgenommen wurde. Ähnlich verhielt es sich mit dem niederen Adel.

Auf der Grundlage der ersten Besitzungen begann sich bald, ähnlich wie zur selben Zeit bei den Templern, eine Verwaltungsstruktur zu entwickeln. Die erworbenen Ländereien, Kirchen, Häuser, Dörfer, Rechte und Einkünfte wurden zusammengefasst und von einem zentralen Haus aus verwaltet. So bildeten sich die Präzeptoreien oder Komtureien, denen gelegentlich – je nach Notwendigkeit und wirtschaftlicher Situation – andere Häuser mit ähnlicher Besitzstruktur als *membra* (Glieder) untergeordnet oder die von ihnen getrennt wurden. In der Präzeptorei lebte eine Anzahl von Brüdern, später nach Priester-, Ritter- und dienenden Brüdern differenziert, mit weiterem Personal zusammen.

Aus den Präzeptoreien wurden in der Folgezeit größere Verwaltungseinheiten, Provinzen oder Priorate, gebildet, ohne dass dafür schnell einheitliche Formen und feste Begriffe entstanden. Schon die Präzeptoren werden in den Quellen oft auch als Priore, Meister oder Prokuratoren bezeichnet. Kapitularbaillis, d. h. die von den allgemeinen Versammlungen des Ordens, den Generalkapiteln, gewählten Amtsträger, erscheinen – sind sie Leiter von Provinzen – oftmals als Priore, aber auch als Kastellane oder Präzeptoren. Der Titel Prior wurde im Orden zudem von geistlichen Amtsträgern und lokalen Befehlshabern genutzt, während sich unter dem Titel eines Präzeptors oder Großpräzeptors auch den einzelnen Provinzen übergeordnete, hochrangige Amtsträger verbergen können, ähnlich den Statthaltern des Meisters und anderen Amtsträgern, die im Auftrag der Ordensleitung den Besitz im Westen verwalteten und kontrollierten. Lange Zeit zogen die Johanniter offenbar flexible Ämter und Bezeichnungen klaren hierarchischen Strukturen vor, sodass nur ein intensives Studium des relevanten historischen Dokuments weiterführen kann.

Entsprechend fließend war die Einteilung in Provinzen bzw. Priorate. Das älteste Priorat war das von St. Gilles, nachweisbar schon um 1120. Noch um die Mitte des 12. Jahrhunderts fasste es den Ordensbesitz von Katalonien und Aragón bis in die Niederlande und wohl noch bis nach England zusammen. Um 1149 wurde dann zunächst das Priorat Aragón davon gelöst, und bald darauf erfolgte auch die Abtrennung des Priorats Navarra sowie der Burg Amposta als eigene Kastellanei. Der Kastellan von Amposta gewann danach mehr und mehr an Bedeutung und stieg zum Kapitularbailli auf, der auch die Häuser in Aragón und Katalonien kontrollierte, bis 1319 ein eigenes Priorat Katalonien entstand. Bald darauf formten sich weitere Priorate in Portugal und Kastilien-León sowie in England (und Irland), die politischen Grenzen Rechnung trugen. Um 1178 wurde der Besitz im Norden Frankreichs als Priorat *Francia* verselbständigt. Dieses war allerdings zunächst – auch wegen der Probleme um einzelne Priore – nicht kontinuierlich in einer Hand, sondern wurde teils durch Statthalter, teils durch die höherrangigen Großpräzeptoren für Frankreich bzw. für alle Ordenshäuser im Westen (*Outremer*) verwaltet. Die burgundischen Häuser, die anfangs von St. Gilles aus kontrolliert worden waren, gingen Ende des 12. Jahrhunderts an die *Francia* über, bevor 1243 das Priorat Auvergne gebildet wurde. Für Italien ist 1182 ein gemeinsames italienisches Priorat belegt, doch hatte schon zuvor in der zweiten Hälfte des 12. Jahrhunderts der Prozess der Ausformung regionaler Priorate begonnen, zunächst in Messina (für Sizilien), Barletta (für den Raum um Bari und Otranto), in der Lombardei, in Venedig und Pisa. Im Laufe des

13. Jahrhunderts entstanden neben einigen Kapitularballeien in Süditalien, die aus den regionalen Strukturen gelöst wurden, noch die Priorate in Capua und Rom.

Komplex war die Situation im ostmittel- und nordeuropäischen Raum. Während Priorate in Dänemark, Böhmen, Ungarn und – aber nur zeitweilig – in Polen begründet wurden, blieben die deutschen Häuser lange Prioren und Großpräzeptoren mit weiten Amtsbezirken sowie deren Stellvertretern unterstellt. Dies änderte sich erst Mitte des 13. Jahrhunderts, als man eine Einteilung in ein ober- und ein niederdeutsches Priorat vornahm. Zwischenzeitlich wurde davon sogar noch ein «mitteldeutsches» Priorat mit dem Zentrum in Franken abgetrennt, doch am Ende erfolgte eine Zusammenfassung aller deutschen Priorate.

## 5. Das Engagement im Heiligen Land bis 1187

Der Besitz im Westen bildete die wesentliche Voraussetzung dafür, dass die Johanniter auch im Heiligen Land eine immer wichtigere Rolle spielten. Zusammen mit den Templern stellten sie seit dem späteren 12. Jahrhundert den Kern der Heere des Königreiches Jerusalem. Neben Ordensrittern und Sergeanten setzten sie dafür Turkopolen, leicht gerüstete Bogenschützen zu Pferd, sowie Aufgebote aus den von ihnen beherrschten Siedlungen ein.

Dabei übernahmen die Johanniter in wachsendem Maße grundherrliche Aufgaben. Das zuvor übertragene Beit Jibrin wurde 1158 durch muslimische Gegner zerstört und musste neu aufgebaut werden. Die Einwohner erhielten 1168 und 1177 zwei Urkunden, die einen Einblick in die Situation der Siedlung geben. Zu diesem Zeitpunkt lebten dort 32 fränkische Familien, von denen sechs aus dem Heiligen Land selbst gekommen waren, die anderen aus der Auvergne, Gascogne, Lombardei, dem Poitou, aus Katalonien, Burgund, Flandern und aus Carcassonne. Sie bekamen jeweils 62 Hektar übertragen, waren persönlich frei und durften ihren Besitz gegen eine kleine Abgabe an den Orden verkaufen. Nach dem Gewohnheitsrecht von

Ramla-Lydda war das *terraticum*, eine ertragsabhängige Naturalsteuer, zu entrichten, und es gab eine beschränkte Kriegspflicht. Danach hatte die Siedlung sogar einen *Cour des bourgeois*, einen eigenen Gerichtshof, und eine gewisse Selbstverwaltung. Die Johanniter nutzten die Einnahmen von Beit Jibrin wahrscheinlich, um ein Kontingent von Turkopolen zu unterhalten, das im Heer des Königreichs eingesetzt werden konnte.

Ähnlich wurden auch die Burgen, solange das noch möglich war, aus dem jeweiligen Umland versorgt. Die Johanniter übernahmen teilweise allerdings Anlagen, bei denen der lokale Feudalherr nicht mehr in der Lage war, seinen Besitz zu verteidigen, oder sie verstärkten Burgen in gefährdeten Gebieten. Letzteres betraf Belvoir im Jordantal, dessen Ausbau seit 1168 den Orden in große finanzielle Nöte brachte. Hier handelte es sich um einen neuen Bautypus, eine quadratisch angelegte Ordensburg, die es erlaubte, die besondere Lebensweise einer geistlichen Gemeinschaft mit den defensiven Aufgaben einer Festung zu verbinden. Im Königreich Jerusalem übernahmen die Johanniter weiter Belmont, zwischen der Küste und Jerusalem gelegen, in der Grafschaft Tripolis den *Crac des Chevaliers* und weitere Burgen, und im Fürstentum Antiochia einige Festungen im Osten sowie die Burg Margat im Süden.

Margat wurde vom Orden 1186 kurz vor der Niederlage der Kreuzfahrerstaaten bei Hattin gegen die Zusage weiterer jährlicher Zahlungen an den Vorbesitzer Bertrand le Mazoir und dessen Erben erworben. Da Fürst Bohemund von Antiochia ein erhebliches Interesse daran hatte, die Grenzen seines Herrschaftsbereichs zu sichern, erhielten die Johanniter eine beträchtliche Privilegierung. So waren die Brüder wie ihre Untertanen von allen Abgaben auf bewegliche Güter befreit. In der Folge entwickelte sich das Gebiet um Margat – ähnlich wie das um den *Crac des Chevaliers* – zu einem weitgehend eigenständigen Territorium.

Mit Ausnahme von Akkon und Jerusalem hatten die Johanniter in den Städten nur geringen Besitz. In Akkon konnten sie grundherrliche Rechte wahrnehmen, und sie besaßen zahlreiche Grundstücke im armenischen Viertel von Jerusalem sowie im

2 Die Johanniterburg Belvoir lag wenige Kilometer südlich des Sees Genezareth (Rekonstruktionszeichnung).

Umfeld des Hospitals. Hier gelang es ihnen sogar, die Abtei St. Maria Latina, das Mutterhaus des Hospitals, zu übernehmen und die dort lebenden Mönche zu zwingen, sich im Nordwesten Jerusalems niederzulassen. Um die Mitte des 12. Jahrhunderts entstand ein Neubau für das Hospital, eine durch 124 Marmorsäulen und hohe Bögen gegliederte Halle, die zwischen 900 und 2000 Personen Platz geboten haben soll; nach der Schlacht von Montgisard 1179 sollen dort 750 Verwundete aufgenommen worden sein. Das große Gebäude, das zum Ärger des Patriarchen mit der Grabeskirche konkurrierte, wurde von Pilgern wie Johann von Würzburg bewundert und beschrieben. 140 Personen sorgten in elf Einheiten für die Pflege der Pilger und Kranken. Für jeweils sechs oder sieben von ihnen stand also mindestens ein Pfleger zur Verfügung.

Raymond du Puy starb im Oktober 1158/60. Über seine unmittelbaren Nachfolger, Auger de Balben (belegt bis März 1162) und wahrscheinlich auch Arnaud de Comps, ist wenig bekannt. Dagegen gewann der seit Januar 1163 nachweisbare Gilbert d'Assailly wesentlichen Einfluss auf die weitere Entwicklung. Als enger Freund König Amalrichs I. und des Patriarchen Amalric de Nesle betrieb er mit großer Energie den Feldzug gegen Ägypten und sagte dafür von der Seite des Ordens 500 Ritter und 500 Turkopolen zu, ein bisher nicht erreichtes Aufgebot. Als das Unternehmen 1168 fehlschlug, waren dem Orden immense Schulden entstanden. Gilbert entschloss sich in dieser Situation Ende 1169 oder 1170 zum Rücktritt, allerdings ohne den Konvent oder König Amalrich konsultiert zu haben. Dieses führte zu einer Krise, in die sich auf einen Appell des Großpräzeptors Pons Blanus auch der Patriarch von Jerusalem einschaltete. Er bewegte Gilbert zur Rückkehr ins Amt, drohte ihm aber auch die Exkommunikation an, falls er nochmals ohne päpstliche Erlaubnis zurücktreten würde.

Damit war aber die Lage noch nicht entschärft. Vielmehr wurde auf dem Kapitel der Johanniter scharfe Kritik an Gilberts Amtsführung und am verstärkten militärischen Engagement des Ordens laut. Als er vor seiner erneuten Einsetzung eine Reihe von Zusagen geben sollte, trat er erneut zurück und leitete nur noch die Wahl seines Nachfolgers Cast de Murols aus der Auvergne. Dieser wurde weitgehend akzeptiert und setzte neue Amtsträger ein, darunter einen neuen Großpräzeptor. Pons Blanus, der schon zuvor gegen den Rücktritt Gilberts protestiert hatte, kündigte jedoch eine Appellation in Rom an. Während König und Patriarch zu vermitteln suchten, auch um ihren Einfluss auf die Johanniter zu stärken, vertiefte sich die Spaltung im Orden durch die Wahl eines Gegenmeisters und durch Überlegungen Gilberts über seine Rückkehr ins Amt. Am Ende beschloss eine Versammlung in Jerusalem, das Problem doch noch dem Papst vorzulegen, und Gilbert reiste nach Rom, um sein Verhalten zu erläutern. Alexander III. untersagte weitere Auseinandersetzungen und erklärte den Rücktritt Gilberts wie auch die Wahl Casts für rechtmäßig. Damit wurde der päpstliche Einfluss gestärkt, während Alexander zugleich die Macht des Meisters einigen Einschränkungen unterwarf.

Weder Cast de Murols noch der etwas länger amtierende

Jobert (1172–1177) traten im Folgenden durch besondere militärische Unternehmungen hervor. Cast, der zuvor Thesaurar gewesen war, dürfte sich der Konsolidierung der Ordensfinanzen gewidmet haben, während sich Jobert auf die Hospitaltradition konzentrierte und im Westen eher mit karitativen Aktivitäten warb. Dennoch blieb der Orden auch militärisch engagiert. Das sollte sich insbesondere unter dem 1177 gewählten Roger des Moulins noch verstärken.

## 6. Krise und Erneuerung um 1200

Die gewachsene Bedeutung der Johanniter zeigte sich auch an den diplomatischen Missionen, in die der im Dienst in Palästina aufgestiegene Roger des Moulins einbezogen war. Schon 1179 hielt er sich in Sizilien auf, und 1184 reiste er zusammen mit dem Meister der Templer und dem Patriarchen durch den Westen, um Hilfe für die Kreuzfahrerstaaten einzuwerben. Vermutlich während dieses Aufenthalts gelang es ihm, vom Papst eine Reihe von Privilegien zu erwirken, die die Stellung des Ordens stärkten. So legte Lucius III. den Anteil des zuständigen Klerus am Nachlass Verstorbener, die bei den Johannitern beigesetzt werden wollten, auf ein Viertel fest, befahl Erzbischöfen, Bischöfen und anderen geistlichen Würdenträgern, den Orden bei der Wahrung seiner Rechte zu unterstützen, und bestätigte die unter Raymond du Puy formulierte Regel.

Kaum war Roger im Februar 1186 ins Heilige Land zurückgekehrt, verdichteten sich dort die inneren Spannungen, sodass die Meister der Ritterorden und der Klerus zu vermitteln suchten. Im April 1187 reiste Roger zusammen mit dem Erzbischof von Tyrus, dem Templermeister Gérard de Ridefort und wenigen Begleitern zu Graf Raimund von Tripolis, der sich gegen den König von Jerusalem, Guido von Lusignan, gestellt hatte. Am 1. Mai 1187 sahen sie sich an den Quellen von Cresson einem weit überlegenen muslimischen Kontingent gegenüber. Den aussichtslosen Kampf überlebten nur der Templermeister und zwei weitere Templer, während der Meister der Johanniter, Roger des Moulins, zu den Gefallenen zählte.

Obwohl die Johanniter nun in einem Moment höchster Bedrohung für das Königreich Jerusalem ohne angesehenen Anführer waren, wirkten sie doch wesentlich an den christlichen Abwehrversuchen mit. Saladin, der Herrscher Ägyptens und Syriens, hatte, nachdem der Waffenstillstand durch einen Überfall auf eine Karawane gebrochen worden war, ein großes Heer ausgerüstet und Anfang Juli 1187 den Jordan überschritten. Das Heer der Kreuzfahrerstaaten stellte sich ihm am 4. Juli unter ungünstigen Bedingungen an den «Hörnern von Hattin» entgegen und erlitt eine schwere Niederlage, bei der viele den Tod fanden und unter anderem der König in Gefangenschaft geriet. Während Guido von Lusignan später unter Auflagen freikam, wurden die gefangenen Templer und Johanniter bald nach der Schlacht auf Befehl Saladins als gefährlichste Gegner hingerichtet.

Danach begann Saladin mit der Eroberung des Königreichs Jerusalem, von dem am Ende nur Tyrus gehalten werden konnte. Die Johanniter leisteten insbesondere in Belvoir, das seit Juli 1187 belagert wurde, energischen Widerstand, und erst als der Versuch eines Entsatzes scheiterte, ergab sich die Festung im Januar 1189. Anders als im Königreich Jerusalem konnten sich im Norden einige Burgen behaupten, darunter die Johanniterburgen Margat und der Crac des Chevaliers. Johanniterschiffe trugen 1187/88 zur Verteidigung von Tyrus bei, und als die Truppen des Dritten Kreuzzugs vor Akkon landeten, stellte der Orden Belagerungsmaschinen, die zur Rückeroberung der Stadt im Juli 1191 beitrugen. Da die Johanniter 1191/92 auch Kontingente zur Unterstützung König Richards I. von England stellten, der von Akkon aus ins Landesinnere vordrang, fand ihre militärische Rolle überdies im Westen zunehmend Aufmerksamkeit, wo sie oft zusammen mit den Templern genannt wurden.

Die Krise, in die die Ritterorden durch den Verlust Jerusalems und ihrer Burgen sowie durch den Tod vieler Brüder gestürzt wurden, konnte durch Verstärkungen aus den europäischen Besitzungen relativ rasch beendet werden. Auch den Johannitern gelang bald eine Erneuerung. Die Leitung des Ordens etablierte sich unter dem Großpräzeptor Borrel in Tyrus, wo sich im Oktober 1187 Armengaud d'Asp, ein erfahrener Bruder aus dem Westen, zu seiner Unterstützung einfand, der zuvor als Kastellan von Amposta und Prior von St. Gilles amtiert hatte. Im Laufe des Jahres 1188 übernahm dieser zeitweilig die Verwaltung des gesamten Ordens, allerdings offenbar, ohne dass er zum Meister berufen worden wäre. Vielmehr kehrte er, nachdem Ende 1189 oder 1190 Garnier de Nablous zum Meister gewählt worden war, nach Spanien zurück.

Garnier entstammte einer führenden Familie im Heiligen Land und war rasch im Orden aufgestiegen. Zusammen mit Richard I. kam er im Juni 1191 vor Akkon an und spielte eine wichtige Rolle im Rat des Königs, auch was den Waffenstillstand mit Saladin angeht, der den Kreuzfahrerstaaten ab September 1192 eine zunächst auf drei Jahre befristete, dann nach Saladins Tod 1193 verlängerte Ruhephase brachte. Als Garnier in der zweiten Jahreshälfte 1192 starb, wurde mit Geoffroi de Donjon relativ rasch ein Nachfolger gewählt, der wohl zuvor schon hohe Ämter im Heiligen Land innegehabt hatte. Die Zeit langer Vakanzen war vorbei, und der Orden konnte in Palästina auf der Grundlage seiner europäischen Besitzungen wachsenden Einfluss ausüben.

## 7. Die Konflikte des 13. Jahrhunderts

Obwohl der Dritte Kreuzzug nur die Küstenstädte wieder in christliche Hand brachte und Jerusalem nicht zurückerobert werden konnte, war zumindest eine gewisse Stabilisierung der Kreuzfahrerstaaten erreicht. Allerdings kam es zu einer weitgehenden Umgestaltung der Strukturen. Die Könige aus wechselnden Dynastien verloren gegenüber dem Adel, den italienischen Seestädten und den Ritterorden zunehmend an Einfluss. Kreuzzüge mit zahlenmäßig großer Mobilisierung blieben aus, an ihre Stelle traten die saisonal geregelte Pilgerfahrt, das *passagium*, sowie kleinere Kreuzzugsunternehmen. Die Inhaber der weltlichen Lehen sahen sich immer häufiger mit der Verteidigung und Versorgung ihrer Festungen und Territorien überfordert und verkauften ihren Besitz an die Ritterorden, nicht zuletzt an die Johanniter. Aufgrund innerer Konflikte, konkurrierender dynastischer Ansprüche auf das Fürstentum Antiochia wie auch auf das Königreich Jerusalem sowie wachsender Konkurrenz zwischen den Seestädten und den Ritterorden verschärfte sich die Situation in der Folge noch. Johannitern und Templern erwuchs zudem seit 1198 mit dem auf ein Feldhospital vor Akkon zurückgehenden Deutschen Orden, der zunächst die Regeln der Johanniter (für die Krankenpflege) und der Templer (für den Heidenkampf) übernahm, ein neuer Partner und Rivale.

Die Johanniter wurden nach der Jahrhundertwende, noch unter Geoffroi de Donjon (bis Ende 1202), in einen Erbstreit um das Fürstentum Antiochia verwickelt, der sich bis 1219 hinzog. Auch die Situation im Königreich Jerusalem entwickelte sich schwierig. Dort hatte Kaiser Friedrich II. 1225 durch die Heirat mit der Erbin des Reiches, Isabella von Brienne, formal die Herrschaft übernommen, regierte bald aber nur noch im Namen seines Sohnes, des späteren Konrad IV. Der erste Versuch des Kaisers, seinen Titel im Heiligen Land zur Geltung zu bringen, scheiterte 1227, als eine Epidemie in der Kreuzzugsflotte ausbrach. Als Friedrich 1228 erneut aufbrach, hatte ihn Papst Gregor IX. wegen wiederholter Verschiebung des Kreuzzugstermins exkommuniziert. Obwohl Friedrich im Folgenden Jerusalem auf dem Verhandlungsweg zurückgewinnen konnte, unterstützten ihn Johanniter und Templer nur sehr zögerlich, wenn sie nicht sogar im Hintergrund gegen ihn agierten. Der Kaiser reagierte nach der Rückkehr in sein Königreich Sizilien mit der Einziehung aller Besitzungen der beiden Ritterorden.

Auch wenn über die Rückgabe dieser Güter nichts bekannt ist, muss es nach 1229 zumindest mit den Johannitern zum Ausgleich gekommen sein. Denn der Orden unterstützte 1239/42, während der Kreuzzüge Theobalds von der Champagne und Richards von Cornwall, zulasten der Beziehung zu Damaskus die kaiserliche Politik eines Friedens mit Ägypten. Zudem halfen einige Johanniter dem kaiserlichen Statthalter Riccardo Filanghieri bei dem Versuch, seine auf Tyrus beschränkte Autorität in einer Art Staatsstreich auf Akkon auszudehnen. Als dies fehlschlug, wurde der Konvent der Johanniter in Akkon ein halbes Jahr belagert, weil man dort Filanghieris Versteck vermutete.

Schon zuvor hatten die Barone die nächste im Königreich lebende Verwandte Konrads IV., Königin Alice von Zypern, als Regentin für ihn eingesetzt – mit dramatischen Folgen. Die von den Johannitern geförderte Kooperation mit Ägypten wurde für das von den Templern unterstützte Bündnis mit Damaskus aufgegeben. Daraufhin rief der ägyptische Sultan as-Salih Truppen der türkischstämmigen Chowarezmier zu Hilfe, die im August 1244 Jerusalem eroberten, das damit endgültig verloren ging. Gemeinsam mit den Ägyptern fügten sie bei La Forbie (Gaza) dem vereinigten Heer der Kreuzfahrerstaaten und von Damaskus im Oktober desselben Jahres eine schwere Niederlage zu. Dabei erlitten auch die Johanniter herbe Verluste, und der Meister Guillaume de Châteauneuf geriet für sechs Jahre in Gefangenschaft.

Bis 1250 stand an der Spitze der Johanniter so nur ein Statthalter, Jean de Ronay; in dieser Zeit setzte sich der französische König Ludwig IX. an die Spitze der Kreuzzugsbewegung. Ihm gelang es trotz seines Scheiterns im Feldzug gegen Ägypten, Johanniter und Templer zeitweilig wieder einander anzunähern. Doch brachen die Spannungen später angesichts des Konflikts zwischen Genua und Venedig, der 1256 aufgrund eines Streits um Besitzungen der Abtei St. Sabas in Akkon entstanden war («Krieg von St. Sabas»), wieder auf. Der Johanniterorden schloss sich mit Genua, Ancona, den Katalanen, dem Herrn von Tyrus und anderen – unter Übernahme der in Italien eingeführten Parteinamen – in einem «ghibellinischen» Lager zusammen, während die Templer mit Venedig, Pisa, dem Fürsten von Antiochia und einem Teil der Bürger von Akkon die «guelfische» Partei bildeten. Obwohl die Orden nicht an den Kämpfen teilnahmen, schadete die Parteinahme ihrem Ruf. Bei den Johannitern kam hinzu, dass sie auf der Seite der Verlierer standen, als die Genuesen schließlich aus der Stadt vertrieben wurden.

Zur inneren Schwäche der Kreuzfahrerstaaten kam noch eine neue äußere Bedrohung, als die Mongolen in Syrien einfielen und 1259/60 Damaskus und Aleppo eroberten. Da auch die Mamluken-Herrschaft in Ägypten bedroht war, marschierte Sultan Qutuz gegen das Mongolenheer, das im September 1260 bei Ain Jalut geschlagen wurde. Dies brachte zwar die Befreiung von der Mongolengefahr, gleichzeitig jedoch etablierten sich die Mamluken auch in Syrien und schlossen damit die restlichen Kreuzfahrerterritorien vollständig ein. Qutuz wurde nach seiner Rückkehr von seinem General Baibars ermordet, der als neuer Sultan bald zu einer offensiven Strategie gegenüber den Christen überging.

Nach Cäsarea und Haifa (1265) fiel nach 40 Tagen Belagerung auch die von den Johannitern wenige Jahre zuvor übernommene, gut ausgestattete Burg Arsuf in Baibars' Hände. 1266 folgten die Templerburg Safed und Galilaea, während 1267 ein erster Angriff auf Akkon scheiterte, bei dem der Sultan Fahnen der Templer und Johanniter an der Spitze seines Heers zur Tarnung benutzt haben soll. 1268 fielen Jaffa und Antiochia. Weiterhin spielten Johanniter wie Templer in den Kontingenten der Kreuzfahrerstaaten eine wichtige Rolle, auch bei den Einfällen in gegnerisches Gebiet; die Burgen der Ritterorden bildeten für derartige Unternehmen einen guten Ausgangspunkt. Arabische Chronisten berichten von dem Schrecken, den die Garnison der Johanniter in Margat noch bis in die 1280er Jahre verbreitete. Als der Orden 1266 versuchte, mit Baibars einen Waffenstillstand auszuhandeln, forderte der Sultan unter anderem den Verzicht auf die Tributzahlungen aus der Umgebung, so von Homs und der Gemeinschaft der Assassinen. Obwohl die Brüder auf die gestellten Bedingungen eingingen, folgten 1269 Angriffe auf Margat und den Crac des Chevaliers. Nachdem der gegen Tunis gerichtete Kreuzzug Ludwigs des Heiligen keine Hilfe für die Christen im Heiligen Land erbracht hatte, begann Baibars Anfang März 1271 mit der Belagerung des Crac des Chevaliers. Innerhalb von drei Wochen fiel eine äußere Verteidigungslinie im Süden der Burg, bald waren Teile der Mauern unterminiert, und nach rund einem Monat musste die Besatzung kapitulieren. Das sollte indes noch nicht das Ende der Verluste des Ordens sein.

## 8. Der Fall Akkons und die Jahre auf Zypern

Der Druck auf die letzten christlichen Besitzungen hielt auch nach dem Fall des *Crac des Chevaliers* an. Die Johanniter erkauften sich mit der Teilung der Einnahmen in Margat und der Übergabe kleinerer Burgen einen erneuten Waffenstillstand. Dennoch brachte erst der Tod Baibars' 1277 eine gewisse Entlastung. Margat war inzwischen die letzte starke Festung des Ordens. Trotzdem hielt die Garnison an einer aggressiven Politik gegenüber den Nachbarn fest, was 1280 zu einem erneuten Angriff auf die Burg und zur Verwüstung des Umlands führte. Als sich die Johanniter 1281 auf die Seite der Mongolen stellten, die noch einmal in Syrien eingefallen waren, kam es zu weiteren Angriffen, doch erst einer massiven Streitmacht unter dem neuen Sultan Qalawun gelang nach einmonatiger Belagerung im Mai 1285 die Eroberung. Danach hielt sich Qalawun nicht mehr an die in der Zwischenzeit mit den Christen vereinbarten Waffenstillstände, sondern eroberte 1287 Latakia und 1289 Tripolis, wo ein Kontingent der Johanniter unter der Leitung des Marschalls Matthieu de Clermont an der Verteidigung teilhatte.

Nach dem Tode Qalawuns setzte der neue Sultan al-Ashraf die Politik seines Vorgängers fort. Am 5. April 1291 erschien das Mamlukenheer vor Akkon und begann mit der Belagerung und dem Beschuss der Befestigungsanlagen. Die Verteidiger hatten sich in vier Gruppen aufgeteilt, von denen eine von Meister Jean de Villiers und dem Meister des kleineren Thomasordens geleitet wurde. Johanniter und Templer hatten zudem zusammen einen Mauerabschnitt übernommen. Zwei Versuche der beiden Orden, die Belagerung durch einen Ausfall aufzubrechen, scheiterten jedoch, und auch das Eintreffen von Verstärkung unter König Heinrich von Zypern am 4. Mai brachte keine Wende. Spätestens am 16. Mai wurden die äußeren Mauern aufgegeben, auch wenn noch einmal ein Angriff auf das Antoniustor nicht zuletzt von Einheiten unter Matthieu de Clermont abgewendet werden konnte. Am 18. Mai drangen die mamlukischen Truppen in die Stadt ein, am 28. Mai fiel als letztes das Haus der Templer. Matthieu de Clermont kam bei den Kämpfen um, während Jean de Villiers schwer verletzt nach Zypern gebracht wurde. Der Fall Akkons und der letzten christlichen Besitzungen in Palästina machte eine Neuorientierung des Ordens erforderlich, die von Zypern aus erfolgen musste.

Die Insel bot für die Johanniter wie für die anderen Ritterorden den naheliegenden Zufluchtsort. Schon zuvor hatte sie für Kreuzzugsunternehmen einen wichtigen Ausgangspunkt gebildet, zudem lag sie nahe genug zur Küste des Heiligen Landes, um Versuche zur Rückgewinnung der christlichen Stützpunkte zu wagen. Die Johanniter verfügten auf Zypern außerdem über eigene Besitzungen: um die Burg Kolossi herum, wo sich die Zuckerproduktion zu einem immer wichtigeren Faktor entwikkelte, sowie in den Städten Nicosia und Limassol. 1292 wurde denn auch nach Limassol ein Generalkapitel des Ordens einberufen, das das Haus vor Ort zum Konvent, d. h. zum Haupthaus des Ordens, machte. Diese Entscheidung wurde im Folgenden von Papst Coelestin V. bestätigt, worauf 1296 in Limassol auch die Errichtung des neuen Hospitals erfolgte.

Zunächst gestaltete sich die Situation der nach Zypern geflüchteten Brüder schwierig. Trotz umfangreicher Importe aus dem lateinischen Westen reichte die Versorgung kaum aus, und die Niederlage in Akkon hatte eine demoralisierende Wirkung. So dauerte es einige Zeit, bis es wieder zu neuen militärischen Aktivitäten kam. Noch 1299, als der mongolische Il-Khan in Persien ein Bündnisangebot übersandte, konnten sich der König von Zypern, der Templermeister Jacques de Molay und der Großpräzeptor der Johanniter, der Meister Guillaume de Villaret vertrat, nicht auf ein gemeinsames Vorgehen einigen. Erst im darauffolgenden Jahr entschloss man sich, in Anwesenheit eines mongolischen Gesandten, zu einem Unternehmen gegen Ägypten. Die Flotte verließ Famagusta am 20. Juli 1300, hielt sich kurze Zeit vor Alexandria auf und wandte sich dann nach Norden, wo sie vor Akkon und Tortosa in Kämpfe mit gegnerischen Schiffen verwickelt wurde. Ein Kontingent der Johanniter landete vor Maraclea, auf das der Orden schon früher Anspruch erhoben hatte, und plünderte die Stadt. Bald aber kamen muslimische Truppen zu Hilfe, sodass sich die Christen nach heftigen

Gefechten ans Meer zurückziehen mussten und sich nur unter schweren Verlusten auf die vor der Küste liegenden Galeeren retteten. Noch im selben Jahr gelang einem neuen Unternehmen unter Amalrich, dem Bruder des zyprischen Königs, zusammen mit einem kleinen Kontingent der Johanniter unter Guillaume de Villaret die Eroberung von Tortosa. Als jedoch die versprochene Unterstützung durch die Mongolen ausblieb, blieb den Truppen nichts anderes übrig, als sich auf das noch von den Templern gehaltene Ruad zurückzuziehen. Auf päpstliches Drängen hin, dem christlichen Königreich Armenien zu Hilfe zu kommen, führte Guillaume de Villaret darüber hinaus zwischen 1300 und 1305 zweimal Truppen in den Südosten der kleinasiatischen Halbinsel.

Gleichzeitig vollzogen sich im Orden selbst grundlegende Wandlungen, die wohl nicht zuletzt auf die neue strategische Insellage des Konvents zurückzuführen sind. Schon 1292 hatte Papst Nikolaus IV. die Johanniter aufgefordert, eine Flotte zu bauen, und wenige Jahre später erwähnte König Karl II. von Neapel in seinem Kreuzzugsplan bereits zehn Schiffe, die die Brüder auf Zypern unterhielten. Während Nikolaus IV. die Schiffe verwenden wollte, um Armenien zu helfen, ging Bonifaz VIII. 1297 generell vom Einsatz der Ordensflotte gegen die islamischen Gegner aus. Der Schwerpunkt der militärischen Aktivitäten verlagerte sich damit vom Land auf das Meer. Nicht zufällig ist 1299 auch erstmals ein Admiral des Ordens belegt.

Dies zog offenbar Änderungen in der Rekrutierungspolitik der Johanniter im Westen nach sich. Die Aufnahme neuer Brüder war seit 1292 nur mit Erlaubnis des Meisters oder Großpräzeptors möglich, und nach 1300 wurden Regeln dafür festgelegt, welche und wie viele Brüder nach Zypern kommen sollten. So ging z. B. das Generalkapitel von 1301 von 80 Brüdern, genauer 70 Rittern und 10 Sergeanten, im Konvent zu Limassol aus. Teilweise kam es zu weiteren Reduktionen, und auch wenn der Orden im Folgenden wieder stärkere Kontingente aufbot, könnte diese Politik zur Kritik an den Ritterorden beigetragen haben, die sich in wachsendem Maße im Westen regte.

## 9. Die Ritterorden in der Kritik

Die Kritik an den Ritterorden war kein neues Phänomen. Schon der englische Chronist Matthäus Parisiensis hatte um 1250 die Verschwendung der immensen Gelder kritisiert, die im Westen von den Orden eingenommen wurden. Um 1270 machte der Troubadour Daspol Templer und Johanniter gleichermaßen für die Niederlagen im Heiligen Land verantwortlich und warf ihnen Stolz, Geiz und schlechtes Handeln vor. Nach 1291 mündete die Kritik der vorangehenden Jahrzehnte – vor allem in den theoretischen Schriften über die Wiedergewinnung des Heiligen Landes – in den Vorschlag einer Zusammenführung aller geistlichen Ritterorden. Der mallorquinische Theologe und Philosoph Ramon Lull schlug 1305 die Neugründung eines einzigen großen Ritterordens vor, der unter der Leitung eines «Krieger-Königs» stehen sollte. Zur selben Zeit ging der am Hof Philipps IV. von Frankreich schreibende Pierre Dubois noch einen Schritt weiter und forderte den Verzicht des vereinigten Ritterordens auf allen europäischen Besitz. Die europäischen Häuser und Ländereien sollten gegen Zins vergeben und die Erträge daraus für gemeinnützige Zwecke verwandt werden, während sich der neue Ritterorden nach einer Übergangszeit nur noch aus Besitzungen auf Zypern und im Heiligen Land finanzieren sollte.

Diese Vorschläge wurden zwar nicht umgesetzt, spiegelten aber dennoch eine reale Bedrohung wider: den möglichen Zugriff Dritter auf Ordensbesitz und die Einschaltung der Herrscher, wenn die Ritterorden ihren Aufgaben nicht mehr wie bisher nachkamen. Konkret wurde diese Gefahr im Fall Jakobs II. von Aragón, der Güter der Johanniter einzuziehen suchte, um auf diese Weise Gelder für seine Kreuzzüge gegen das Königreich Granada und Sardinien aufzubringen. Aber selbst auf Zypern wurde die Situation schwieriger. Nach einem Streit über die Erhebung von Steuern verbot König Heinrich II. den Johannitern den Erwerb weiterer Besitzungen. Auch als der Orden im Streit zwischen Heinrich und seinem Bruder Amalrich vermittelte und zur Rückkehr des Königs 1310 beitrug, änderte sich wenig. Die Johanniter blieben durchweg auf den Import von

Nahrungsmitteln, Pferden und sonstigen Gütern aus Neapel und Aragón angewiesen.

In dieser Situation bedurfte es einer energischeren Politik. Diese verkörperte der 1305 gewählte Meister Foulques de Villaret, der seinem Onkel Guillaume de Villaret nachfolgte. Als er noch im selben Jahr oder kurz danach von Papst Clemens V. aufgefordert wurde, zu den Plänen für einen neuen Kreuzzug Stellung zu nehmen, reagierte er überaus geschickt und schloss sich, anders als der Templermeister Jacques de Molay, der gängigen und seit dem Zweiten Lyoner Konzil von 1274 immer wieder vertretenen Vorstellung eines mehrstufigen Kreuzzugs an. Für den Aufruf und die Predigt empfahl er zunächst eine Rückbesinnung auf den Ersten Kreuzzug, nach dessen Vorbild der Papst einen Legaten und einen weltlichen Ritter zu Leitern des Kreuzzugs berufen sollte. Um aber die islamischen Gegner schon frühzeitig zu schwächen, sollten der König von Zypern, die Templer und die Johanniter selbst mit 25 bewaffneten Galeeren zusammen eine Flotte bilden. Diese sollte den Schiffsverkehr nach Ägypten, speziell nach Alexandria, unterbrechen und so die Lieferung von kriegswichtigen Waren verhindern. Im zweiten Schritt sollte dann zusätzlich eine größere Flotte von 50–60 Schiffen aufgestellt werden, von denen mindestens die Hälfte jeweils 400–500 Pferde aufnehmen konnte. Diese Schiffe sollten ein Jahr lang die Küsten des Sultans verunsichern, von Zeit zu Zeit anlanden und Raubzüge durch die jeweilige Region unternehmen, um die mamlukischen Truppen zu binden. Als Drittes sollte dann – an einem vorher festgelegten Tag – der eigentliche Kreuzzug beginnen, für den auch bezahlte Truppen anzuwerben waren. Die Ritterorden sollten frei alle ihre Ressourcen mobilisieren können. Aufbruchsort und Ziel des Kreuzzugs waren erst zu bestimmen, wenn man über die aktuelle Situation beraten und die Stärken und Schwächen des Gegners eingeschätzt hatte. Zwar blieb auch dieser Kreuzzugsplan Theorie, doch ging Foulques de Villaret bald an die Verwirklichung eines anderen Unternehmens, das darauf aufbaute und die Geschichte des Ordens in neue Bahnen lenken sollte.

## II. Die Strukturen der Johanniter

### 1. Die Statuten

Regeln und Statuten bilden die Grundlage jeder geistlichen Gemeinschaft. Ihre Ausrichtung hängt jedoch wesentlich von den historischen Rahmenbedingungen der Entstehungszeit ab. In der Frühgeschichte der Johanniter bestanden zu verschiedenen Institutionen enge Beziehungen: anfangs zum «Mutterhaus», dem Benediktinerkloster Sta. Maria Latina, dann zum Patriarchen von Jerusalem und den Chorherren vom Heiligen Grab. Neben möglichen benediktinischen Vorbildern dürfte daher insbesondere die Lebensweise der Chorherren, die sich an den offeneren Bestimmungen der «Augustinusregel» orientierte, eine zentrale Rolle gespielt haben. Dafür spricht nicht zuletzt die Bestätigung der Regel durch Papst Lucius III. im November 1184/85, die die Johanniter mit einer nach der Augustinusregel lebenden Gemeinschaft vergleicht. Zudem entsprach deren offene Form weitaus besser den Bedürfnissen der nach der Lösung von St. Maria Latina wohl vor allem aus Laien rekrutierten Hospitalbruderschaft.

Die Ordenstradition verband die älteste Regel immer mit dem (vermutlich) dritten Meister Raymond du Puy. In der Bestätigung Lucius' III. heißt es ähnlich, dass die Regel «von eurem Meister Raymund, mit allgemeinem Rat und Willen des Kapitels, heilbringend erlassen und von Papst Eugen [...], unserem Vorgänger, wie wir erfahren haben, bestätigt wurde» (Cartulaire général, 1, Nr. 690, S. 458). Sofern die erste Bestätigung durch den 1153 verstorbenen Papst Eugen III. zutreffen sollte, ist die Regel wahrscheinlich eine Kompilation aus den späteren Jahren Raymonds.

Die 19 Artikel der Regel bilden jedoch keine organische Einheit. Vielmehr lassen sich die Artikel 16 bis 19 als eine Ergänzung mit älteren Regelungen ausmachen. Insbesondere Artikel 16 zur Aufnahme und Pflege der Kranken könnte zu den ältesten Bestimmungen des Hospitals aus dem 11. Jahrhundert gehören, ähnlich wie Artikel 17 bis 19, die Fragen der Ordensdisziplin und das Kreuz auf der Ordenskleidung betreffen. Die ersten 15 Artikel enthalten dagegen relativ systematisch geordnete, allgemeine Vorschriften, die sich mit den Artikeln 16 bis 19 teilweise überschneiden. Sie regeln das Ablegen der Gelübde, das Verhalten im Gottesdienst, die Abwesenheit vom Konvent, das Sammeln von Almosen und Kleidung, die Ernährung der Brüder, Fragen der Ordensdisziplin sowie das Totengedächtnis und schließen mit einer Ermahnung, nach der Regel zu leben. Die Erwähnung von Priesterbrüdern legt allerdings nahe, dass es sich um eine jüngere Fassung handeln muss. Ungeachtet ihrer Heterogenität erfuhr die Regel im Orden bis ins 15. Jahrhundert die höchste Verehrung. Die neuen Meister mussten sich seit 1172 auf ihre Einhaltung verpflichten, und der Text wurde lange auf allen General- und Provinzialkapiteln, den allgemeinen und regionalen Versammlungen des Ordens, verlesen.

Seit den Generalkapiteln unter Meister Jobert 1176/77 wurde die Regel in wachsendem Umfang durch Statuten präzisiert und ergänzt. Dazu kamen nicht genauer datierbare, erstmals um 1239 aufgezeichnete Gewohnheiten (*usances*), die möglicherweise ebenfalls auf Generalkapiteln beschlossen wurden und schon für die Zeitgenossen nicht mehr zuzuordnen waren, sowie im Einzelfall die Urteile der ordenseigenen Gerichtsbarkeit, der *esgarts*. Einen Einschnitt markieren die unter Alfonso de Portugal auf dem Generalkapitel zu Margat 1204/06 erlassenen Statuten, die so etwas wie eine zweite Regel bilden. Der 1203 gewählte Meister wurde bald in innere Konflikte verwikkelt, musste zurücktreten und kam gewaltsam um, in den Statuten indes wurde erstmals die Rolle der Johanniter als Ritterorden festgeschrieben. Des Weiteren bestimmten sie den Wahlvorgang und die Stellung der Meister sowie der wichtigsten Amtsträger und regelten die Einberufung und Abhaltung der Generalkapitel, das Leben im Konvent und die Verwaltung der Ordensprovinzen.

Danach sind erst wieder Statuten von 1262 aus der Zeit

Hugues Revels erhalten. Bald jedoch setzte eine intensivere Statutengesetzgebung ein, da nahezu auf jedem Generalkapitel neue Bestimmungen erlassen wurden. Sie wurden zunächst regional gesammelt und immer wieder in Volkssprachen, so ins Okzitanische oder ins Deutsche, übersetzt. Weil sie aber wenig bekannt und unübersichtlich waren, gab der Meister Roger de Pins schon 1357 eine beglaubigte Übersetzung aus dem Französischen, das lange als Statutensprache vorherrschend war, ins Lateinische in Auftrag. Dennoch kursierten noch im 15. Jahrhundert nicht autorisierte Fassungen, während sich der Umfang der Statuten – gemessen in Manuskriptseiten für die Jahre bis 1305 – zwischen 1305 und 1421 bzw. 1421 und 1475 jeweils mehr als verdoppelte.

Das Nebeneinander älterer, sich teilweise widersprechender Regelungen sowie die Unklarheiten über die aktuell gültigen Bestimmungen gehörten zu den Ursachen der Konflikte, die zwischen den regionalen Interessengruppen im Konvent, den Zungen, von 1433 bis 1462 immer wieder von Neuem aufflammten. Nicht zuletzt deshalb berief Papst Eugen IV. zum Februar 1446 ein Generalkapitel nach Rom, das auch eine revidierte Fassung der Statuten beschließen sollte. Er hatte schon zuvor einen seiner Familiaren, den nominellen Johanniter-Prior von Ungarn, Giacomo de Soris, mit der Erstellung eines Textes beauftragt. Dieser markierte einen weitgehenden Bruch mit der Tradition. Die chronologische Ordnung wurde zugunsten einer Systematik aufgegeben, viele Statuten wurden neu formuliert und die Strukturen im Orden teilweise deutlich zugunsten der «kleineren» Zungen umgestaltet. Der für das Generalkapitel entscheidungsberechtigte Ausschuss von 14 «Kapitularen» setzte sich daher lange mit den neuen Statuten auseinander, ohne zu einem Ergebnis zu kommen. Als Eugen IV. im Februar 1447 starb, bevor er die sieben Fragen, die man ihm dazu vorgelegt hatte, alle beantworten konnte, ging das Kapitel ohne Beschluss auseinander. Der Versuch einer Statutenreform war gescheitert.

Die Probleme waren so nicht beseitigt. Auf Drängen von Eugens Nachfolger Nikolaus V. hatte Meister Jean de Lastic im Oktober 1448 zunächst zugesichert, die Regelungen der Statuten von 1446 zu prüfen und gegebenenfalls zu übernehmen. Als die Streitigkeiten zwischen den Zungen auf dem Generalkapitel von 1462 unter dem Katalanen Pere Ramon Zacosta durch die Teilung der spanischen in zwei Zungen (die aragonesisch-katalanische und die kastilisch-portugiesische) entschärft werden konnten, wurde auch eine paritätisch besetzte Kommission zur Reform der Statuten eingesetzt. Die Arbeit ging jedoch nur langsam voran, sodass der Auftrag 1471 noch einmal erneuert wurde. Um 1480 war es dann aber der Vizekanzler des Ordens, Guillaume Caoursin, der die Reform entscheidend vorantrieb.

Die auf dem Generalkapitel von 1489 verabschiedete und 1493 nach päpstlicher Zustimmung in Kraft getretene neue Fassung mit dem Titel *Stabilimenta Rhodiorum militum* lehnte sich bewusst an die ältere Statutengesetzgebung an, organisierte aber die Texte systematisch, ließ Überholtes weg und formulierte – teilweise als «Gewohnheiten» deklarierte – ergänzende Regelungen. Sie beginnt mit einem Rückgriff auf die Ordensgeschichte, verzichtet aber auch auf die Regel Raymond du Puys. Die vier Teile behandeln die Regel, die Strukturen des Ordens, die Ämter und ihre Aufgaben sowie ihre Besetzung. Die revidierte Fassung der Statuten wurde noch 1493 ins Französische, bald darauf auch in andere Sprachen übersetzt und im Druck verbreitet. Diesmal fand die Reform weitgehende Akzeptanz. 1588 kam es zwar zu einer Anpassung durch die Aufnahme späterer Statuten und eine Neugliederung des Textes, doch blieb die Caoursinsche Fassung letztlich grundlegend für den Orden bis zur Eroberung Maltas durch Napoleon 1798.

Die Entwicklung der Statuten spiegelt den kontinuierlichen Prozess der Ausformung und Umgestaltung der Ordensstrukturen. Die *Stabilimenta* von 1489/93 geben eine Beschreibung dieses Prozesses: «Obwohl unser Orden seit seinen Anfängen, als sich die Vielfalt der Probleme herausstellte, Ratgeber mit dem Titel bestimmter Würden hatte, die dem Meister zur Seite standen, wurde es dennoch im Laufe der Zeit als notwendig angesehen, Zungen und Provinzen zu unterscheiden und einzuteilen, die Baillis zu vermehren, Priore einzusetzen, damit sie sich, eingeschlossen in ihre Grenzen und geistlichen Herrschaftsbereiche, umso ruhiger dem Gelübde und der Verwaltung widmen können. Daher folgte einst und je nach der Gelegenheit der folgenden Zeiten der Unterscheidung der acht Zungen die Vermehrung der Konventualbaillis, die den Zungen vorstehen, und die Einsetzung der Priore, die die Provinzen leiten» (Stabilimenta Rhodiorum militum, S. 198; Übers. Sarnowsky, Macht, S. 47). Die Statuten regeln damit nicht nur allgemein das Leben im Orden, sondern beschreiben eine wachsende Zahl von Ämtern und deren Stellung.

## 2. Aufgaben und Ämter

Das älteste Amt im Orden war zweifellos das des Meisters, wie es schon – noch ohne diesen Titel – in der Bulle Paschalis' II. von 1113 beschrieben wird. Daneben entstanden weitere Ämter im Konvent mit zentralen Aufgaben. Dauerhaft etablieren konnten sich die später so genannten «Konventualbaillis». Zu den ältesten zählen das Amt des «Schatzmeisters», des Thesaurars, das zuerst 1135 belegt ist und anfangs mit zwei Brüdern besetzt war, sowie die Ämter des Großpräzeptors, des zweiten Manns nach dem Meister, des Hospitalars und des Marschalls, die seit 1150/60 nachweisbar sind. Weitere zentrale Positionen kamen im Laufe der Zeit dazu: der Drapier für das Bekleidungswesen, der Turkopolier für die leicht bewaffneten Hilfstruppen, der Admiral für die Flotte, schließlich im 15. Jahrhundert der Großbailli für das Kastell St. Peter beim heutigen Bodrum und der Kanzler, nachdem der Thesaurar zuvor seine führende Rolle eingebüßt hatte. Mit der festen Zuordnung dieser Ämter zu den Zungen seit 1330/40 gewannen die Konventualbaillis eine leitende Funktion für die Brüder ihrer Herkunftsregion. Eine Sonderstellung hatte daneben der Konventsprior, der für Kirchen und Ordenspriester verantwortlich war.

Im lateinischen Westen wurden aus den Besitzungen in einem langwierigen und nicht immer geradlinig verlaufenden Prozess Ordensprovinzen bzw. Priorate gebildet, deren Leiter, die Priore, ebenfalls eine einflussreiche Stellung im Konvent besaßen. Zusammen mit den Konventualbaillis machten sie die Führungsgruppe des Ordens aus, die sowohl auf den regulären, häufig tagenden Versammlungen des Rats als auch auf den Generalkapiteln den Ton angab. Der Johanniterorden zeichnete sich damit – nicht nur im 14. und 15. Jahrhundert – zwar durch gewisse Hierarchien aus, doch zugleich handelte es sich um eine Oligarchie, in der nicht der Meister allein, sondern auch die ältesten und erfahrensten Brüder die Politik der Gemeinschaft bestimmten.

Zugleich gab es unter den Mitgliedern durchaus Abstufungen. Die *Stabilimenta* beginnen mit den Aufnahmeritualen, die den doppelten Charakter der Ordensaufgaben deutlich machen; dann werden die verschiedenen Pflichten hervorgehoben, mit denen Brüder als *milites*, *sacerdotes* oder *servientes armorum* bzw. *officii*, d. h. Ritter- und Priesterbrüder sowie Servienten, bei ihrer Aufnahme betraut werden können (Stabilimenta Rhodiorum militum, S. 107). Diese Reihenfolge spiegelt auch eine Rangfolge wider, gewann doch das adlige Element nach der Militarisierung des Ordens immer stärkeres Gewicht. Schon unter Alfonso de Portugal wurde 1204/06 die adlige Herkunft mit dem Recht zur Aufnahme als Ritterbruder verbunden. 1262 legte das Generalkapitel unter Meister Hugues Revel fest, dass nur ein Ritterbruder zum Meister gewählt werden durfte, der seinerseits Sohn eines Ritters war und einer legitimen Ehe entstammte. Das galt spätestens seit 1270 allgemein, wie auch die Ritterweihe bald zur Voraussetzung werden sollte. 1357 wurde unter Roger de Pins zudem ein Wechsel vom Status des Servienten in den des Ritterbruders ausgeschlossen. Da – mit Ausnahme des Konventspriors – die Führungsgruppe des Ordens durch Ritterbrüder dominiert wurde, fühlten sich die teilweise ebenso dem adligen Stand entstammenden Priesterbrüder gelegentlich zurückgesetzt. Dies führte sowohl zu Kritik am Orden als auch zu inneren Konflikten, genauso wie die klare Abgrenzung zu den *servientes armorum*, denen nur wenige, unbedeutende Ämter im Konvent wie in den Häusern im Westen vorbehalten blieben.

Daneben gab es weitere Formen der Bindung an den Orden. Eine eigene Gruppe bildeten die Schwestern der Johanniter, die oft, so in den Häusern in Sigena in Aragón, Mynchin Buckland in England, Beaulieu in Frankreich sowie in Pisa, adliger Herkunft waren. Aber ebenso existierten, z. B. in Friesland, Häuser mit Laienschwestern nicht-adliger Herkunft, und im Westen wie auf Rhodos fanden sich weibliche Donaten. Diese Donaten, Männer wie Frauen, wurden ähnlich wie die *servientes officii* nach Bedarf aufgenommen und übernahmen dienende Aufgaben. Auf Rhodos wirkten sie in den Herbergen der Zungen und waren zum Gehorsam gegenüber deren Leitern verpflichtet. Einflussreiche weltliche Personen dagegen wurden als *confratres* aufgenommen, um sie als Unterstützer für den Orden zu gewinnen. Dafür empfingen sie im Gegenzug geistliche Betreuung.

Die Ämter der Ritterbrüder, Priesterbrüder und Servienten wurden im Laufe der Zeit zunehmend hierarchisiert, sodass sich eine Karriereleiter ergab. Maßgeblich war zuerst die Dauer der Mitgliedschaft. So wurde für die Übernahme eines Hauses im Westen, einer Präzeptorei, nach einem Statut von 1304 eine mindestens dreijährige Mitwirkung im Orden vorausgesetzt, bei Burgen sogar eine fünfjährige. Im 13. Jahrhundert gab es dabei wahrscheinlich eine weitgehende Trennung der Karrieren. Zumindest in Frankreich blieb ein Teil der Brüder in den Ordenshäusern, in die sie eingetreten waren, vermutlich um so erfahrene Verwalter für den Westen zu gewinnen. Dagegen wurde der andere Teil offenbar unmittelbar für den Dienst im Heiligen Land rekrutiert, was einen raschen Ersatz für die in den Kämpfen gefallenen Brüder ermöglichte.

Dies änderte sich im 14. und 15. Jahrhundert. Nach einem Beschluss des Generalkapitels von 1410 wurde die dreijährige Mitgliedschaft als Voraussetzung für ein Amt im Westen in eine dreijährige Anwesenheit im Konvent auf Rhodos umgewandelt. Wer dem nicht entsprach, musste mindestens fünf Jahre dem Orden angehört haben. 1489/93 kam die Anforderung dazu, sich mindestens kurz auf Rhodos aufgehalten zu haben, und der Altersrang im Orden, die *ancianitas*, wurde vom Zeitpunkt der Ankunft im Konvent gerechnet. Auf dieser Grundlage schlugen die Zungen Brüder für Präzeptoreien im Westen vor, die zunächst der Versorgung dienten. Auch dabei konnte man bei Bewährung aufsteigen und eine besser ausgestattete oder sogar mehrere Präzeptoreien übernehmen. Zu den im Laufe des 15. Jahrhunderts etablierten Anforderungen gehörte zudem ein mehrmonatiger oder einjähriger Dienst auf den Schiffen des Ordens, auf dem Kastell St. Peter auf dem Festland oder auf den Burgen der Johanniter auf Kos, die *caravana*. Der Weg in die höheren Ämter war somit weit und mit vielen Bedingungen gepflastert.

## 3. Der Konvent auf Rhodos

Die Stellung des Meisters wurde 1204/06 auf dem Generalkapitel zu Margat folgendermaßen definiert: «Die Brüder des Hospitals sind gehalten, dem Meister demütig für Christus zu gehorchen.» (Cartulaire général, 2, Nr. 1193, S. 33; Übers. Sarnowsky, Macht, S. 225) Der Meister war somit der unbestrittene Leiter des Ordens, bei seinen Entscheidungen jedoch war er in mehrfacher Weise an den Rat der wichtigsten Amtsträger im Konvent gebunden. So musste er nach seiner Wahl gemäß der Regelung von 1204/06 nicht nur die Einhaltung der guten Gewohnheiten und Statuten des Ordens zusagen, sondern auch versprechen, die Angelegenheiten der Gemeinschaft mit dem Rat der führenden Brüder zu entscheiden, die Beschlüsse der Generalkapitel zu beachten und für ihre Durchsetzung zu sorgen. Der Gehorsam gegenüber dem Meister endete daher spätestens dort, wo Statuten oder Beschlüsse der Generalkapitel verletzt wurden. Im Zweifel konnte ein Ordensbruder schon seit dem 13. Jahrhundert die Einsetzung eines *esgart des frères*, eines ordensinternen Gerichts, verlangen, um eine strittige Angelegenheit zu klären. In der Realität hing die Stellung des Meisters wesentlich von seinem Weg ins Amt und seiner Persönlichkeit ab. Auf der einen Seite konnte es, wie im Fall von Foulques de Villaret, zum Streit über die Amtsführung bis hin zur Absetzung kommen, auf der anderen Seite fanden sich auch Meister, die ohne Widerspruch einen autokratischen Führungsstil praktizierten. In diesem Zusammenhang taucht gelegentlich die (Selbst-)Stilisierung als Großmeister (*magnus magister*) auf, die sich nicht zufällig aber erst unter Pierre d'Aubusson nach seiner Erhebung zum Kardinal 1489 durchsetzte.

Die Meister wurden auf Lebenszeit gewählt. Schon aus dem Bericht über den Rücktritt Gilbert d'Assaillys 1170 wird das Wahlverfahren erkennbar. Danach wurden während eines Kapitels zwölf Brüder und ein Wahlleiter ausgewählt. Nachdem sich die anderen verpflichtet hatten, die Entscheidung der Wahlmänner anzuerkennen, zogen sich diese zurück. Das Ergebnis wurde wiederum im Kapitel bekanntgegeben und bestätigt; eine päpstliche Bestätigung sollte folgen. Das Generalkapitel von 1204/06 präzisierte die Zahl und Einsetzung der Wahlmänner. Von nunmehr 13 Brüdern wurden unter einem Sitzungsleiter zuerst je ein Priesterbruder, ein Ritterbruder und ein Servient gewählt. Dieses «Triumvirat» bestimmte seinerseits Schritt für Schritt zehn weitere Wahlmänner, worauf alle 13 im Anschluss die Wahl vollzogen.

Mit dem Aufkommen der Zungen löste sich um 1300 die Wahl vom Generalkapitel und wurde zu einer Angelegenheit des Konvents im Osten. Seitdem erfolgten die Meisterwahlen in einem letztlich vierstufigen Verfahren. Die nur im Konvent, nicht im Westen vertretenen Zungen benannten jeweils ein Mitglied für die Wahl. Diese sieben bzw. acht Brüder zogen sich zunächst zur Bestimmung eines Wahlpräzeptors zurück, der sie im Anschluss formal vereidigte. In einem erneuten Konklave wählten sie danach das Triumvirat aus Ritterbruder, Priesterbruder und Servient. Dieses ergänzte sich wiederum selbst, zunächst auf 13, später auf 16 Brüder – letztere mussten, bei einem festen Verhältnis der Mitgliedergruppen, paritätisch aus den Zungen kommen. Der zuerst gewählte Ritterbruder übernahm als «Wahlritter» die Leitung der eigentlichen Meisterwahl und konnte bei Stimmengleichheit notfalls den Ausschlag geben. Die einfache Mehrheit entschied. Abschließend musste die Versammlung der anderen Brüder im Haupthaus dreimal ihre Zustimmung zur Wahl bekräftigen, ehe der Gewählte ins Amt eingeführt wurde.

Der Meister hatte weitreichende Kompetenzen, die er allerdings im Wesentlichen in Abstimmung mit den führenden Brüdern im Konvent wahrnahm: dem Rat aus Konventualbaillis, im Konvent anwesenden Prioren und weiteren hohen zentralen und regionalen Amtsträgern. Im «vollständigen Rat», der auch ein Generalkapitel fortsetzen konnte, kamen noch die Repräsentanten aller Zungen dazu. Die Kompetenzen von Meister und Rat umfassten die Besetzung der wichtigsten zentralen und regionalen Ämter, die Berufung von Präzeptoren, die Aufnahme und den Ausschluss insbesondere von Ritterbrüdern, die Entscheidung über ihre Anwesenheit im Konvent, die Kontrolle des Ordensbesitzes im Westen, die «Außenpolitik», die Erteilung von Geleit, die Ausübung von grund- und landesherrlichen Rechten in den Ordensterritorien, insbesondere auf Rhodos und den Inseln des Dodekanes, sowie die grundsätzliche Entscheidung über die Finanzpolitik. Der Meister hatte eine eigene Hofhaltung und eigene Finanzen mit einem wachsenden Stab von Mitarbeitern. Im 15. Jahrhundert standen diese unter der Leitung eines Seneschalls – das Amt ist in anderem Kontext schon früher im Orden belegt –, der den Meister auch in Angelegenheiten der Landesherrschaft vertrat.

Alle Konventualbaillis, Großpräzeptor und Marschall, Hospitalar und Drapier, Admiral und Turkopolier, Großbailli und Kanzler, spielten im Orden eine wichtige Rolle, auch wenn sie eine unterschiedliche Bedeutung besaßen. Der Großpräzeptor war im 12. und 13. Jahrhundert der Vertreter des Meisters, wenn dieser abwesend oder das Amt vakant war. Im 14. und vor allem im 15. Jahrhundert lag der Schwerpunkt seiner Tätigkeit auf der Kontrolle der Finanzen und der Verwaltung des Konvents auf Rhodos. Andere für den Konvent zuständige Amtsträger mussten vor ihm abrechnen, und im Laufe des 14. Jahrhunderts wurde ihm offenbar auch der Thesaurar untergeordnet, der schon zuvor von ihm und dem Meister kontrolliert worden war und nun seinen eigenständigen Rang als Konventualbailli verlor. Ähnlich einflussreich war der Marschall, dem nach einem Statut von 1204/06 alle Ritterbrüder und Servienten ohne höheres Amt unterstellt waren. Er entschied daher bei internen Streitigkeiten zwischen Brüdern oder bei Fragen der Ordensdisziplin. Unabhängig vom Oberbefehl des Meisters oder seines Stellvertreters unterstanden ihm alle Truppen zu Lande und zu Wasser, selbst jene, die

3 Der Vizekanzler der Johanniter, Guillaume Caoursin, überreicht sein historisches Werk Meister Pierre d'Aubusson, der von den Konventualbaillis umgeben ist. (Bibliothèque Nationale Paris, Lat. 6067, fol. 3v)

auf den Schiffen eingesetzt wurden, für die der Admiral zuständig war.

Dagegen kam dem Hospitalar, der noch im 13. Jahrhundert das wichtigste Amt hinter dem Marschall innehatte, nur eine Aufsichtsfunktion über die Erfüllung der karitativen Aufgaben des Ordens zu. Die eigentliche Verwaltung des Hospitals und die Leitung seines Personals übernahm spätestens am Ende des

13. Jahrhunderts ein Seneschall des Hospitals. Auf Rhodos wurde dafür später ein *infirmarius* eingesetzt, ein Amt, für das der Hospitalar, Meister und Rat geeignete Brüder vorschlagen konnten. Der Drapier war seit dem frühen 13. Jahrhundert für die Tuchvorräte und die Bekleidung der Brüder zuständig. Bei Sold- und Unterhaltszahlungen wurden die Tuche durch ihn verteilt, ebenso wie die Kleidung und das Bettzeug aus den Spolien verstorbener Brüder.

Für die Schiffe des Ordens gab es zeitweilig schon im 13. Jahrhundert eigene Amtsträger, doch erscheint 1299 erstmals der Admiral in den Quellen: als Verantwortlicher für die Ausrüstung von Galeeren und Barken sowie die Anwerbung von Schiffen und Seesöldnern. Auf Rhodos unterstanden ihm deshalb jene Griechen, die zum Kriegsdienst auf See, der *servitudo marina*, verpflichtet waren und über die eigene Register geführt wurden. Zudem verwaltete er die Arsenale mit den für den Schiffbau und -betrieb notwendigen Materialien und hatte ein Vorschlagsrecht für die Ernennung der Kapitäne. Das Amt des Turkopoliers als Befehlshaber der leicht bewaffneten, meist vor Ort rekrutierten Reitertruppen findet sich schon 1203, doch hatte es erst 1248 ein Bruder, vielleicht nur ein Servient, inne. 1303 wurde das Amt aus der Befehlsgewalt des Marschalls gelöst und zum Konventualbailli erhoben. Allerdings blieb der Turkopolier auch danach bei militärischen Entscheidungen sowie Fragen der Versorgung und Kontrolle der Turkopolen vom Marschall abhängig. Auf Rhodos übernahm er die Aufsicht über die zum Schutz der Insel an der Küste eingesetzten Söldner und ihre Anführer.

Die beiden jüngsten Ämter entstanden im 15. Jahrhundert jeweils als Ergebnis eines Ausgleichs zwischen den Zungen und nicht mehr zur Bewältigung zentraler Aufgaben des Ordens. Das Amt des Großbaillis wurde im Juni 1428 als Folge der Erneuerung der deutschen Zunge eingeführt. Diese war offenbar um 1400 im Konvent nicht mehr hinreichend präsent, trat jedoch im November 1422 wieder auf und wurde ausdrücklich den anderen Zungen gleichgestellt, die eigene Konventualbaillis hatten. Das Aufgabenfeld des Großbaillis war daher deutlich begrenzt. Seine Hauptaufgabe bestand in der jährlichen Visitation des bedrohten, seit 1407 eingerichteten Außenpostens auf dem kleinasiatischen Festland, des Kastells St. Peter (Bodrum). Dabei war er insbesondere für die Söldner, die Bewaffnung, die Vorräte und das Kastell selbst zuständig, nicht aber für dessen Kapitän und seinen Umkreis. Das Amt des Kanzlers wurde 1462 nach der formalen Teilung der spanischen in eine aragonesisch-katalanische und eine kastilisch-portugiesische Zunge in den Rang eines Konventualbaillis erhoben und letzterer zugeordnet. Dafür wurde der bisherige Leiter der Kanzlei zum Vizekanzler «herabgestuft», während der Kanzler nunmehr alle im Namen des Konvents herausgehenden Schreiben gegenzuzeichnen hatte. Er besaß zudem ein Vorschlagsrecht für die Berufung eines neuen Vizekanzlers.

Nach dem Generalkapitel von Montpellier 1330 wurden die Ämter der Konventualbaillis verschiedenen Zungen zugeordnet; 1340 lag die Aufteilung endgültig fest. Den drei französischen Zungen, der Francia (d. h. Nordfrankreich), der Provence und der Auvergne, blieben die drei wichtigsten Ämter vorbehalten, die des Großpräzeptors, des Hospitalars und des Marschalls. Der Drapier kam seither immer aus der spanischen, der Admiral aus der italienischen und der Turkopolier aus der englischen Zunge. Ausgenommen blieb dabei die deutsche Zunge, die offenbar zunächst eine untergeordnete Rolle spielte, bevor sie, wie erwähnt, seit 1428 aus ihren Reihen einen Kandidaten für die Berufung zum Großbailli benennen konnte. Bei der Teilung der spanischen Zunge 1462 verblieb das Amt des Drapiers bei der aragonesisch-katalanischen.

Die Zungen als regionale Interessengruppen im Konvent könnten sich schon während der Zeit im Heiligen Land formiert haben, doch werden sie endgültig erst auf Zypern fassbar. So schrieb das Generalkapitel von 1301 verpflichtend vor, dass jeder Bruder im Konvent einer der sieben Zungen angehören müsse. Ohne Zuordnung zu einer Zunge war keine reguläre Karriere im Orden möglich, weil die Zungen in vielen Fällen ein Vorschlagsrecht besaßen und auch über die *ancianitas*, den Altersrang, der Brüder entschieden. Die Zugehörigkeit zu einer Zunge wurde deshalb in der Regel bereits bei der Ankunft auf Rhodos bestimmt. Bei Unklarheiten, die aus der Lage des Herkunftsorts oder Widersprüchen bei der Aufnahme des Bruders entstanden, konnte sogar ein *esgart des frères* eingeschaltet werden.

Die Bedeutung der Zungen nahm im 14. und 15. Jahrhundert kontinuierlich zu. Ein erster entscheidender Schritt war schon um 1300 ihre Beteiligung an der Wahl der Meister, die die Einberufung eines Generalkapitels überflüssig machte. Auch auf den Generalkapiteln selbst gewannen die Zungen im Laufe der Zeit an Gewicht. Die Teilnehmerlisten in den Generalkapitelsakten des 15. Jahrhunderts verzeichnen regelmäßig nicht nur die hohen Amtsträger, sondern überdies jeweils die Prokuratoren der Zungen. Schon seit der Zeit um 1300 beteiligten sich die Vertreter der Zungen auch an der Bestellung eines Ausschusses aus erfahrenen Brüdern, der für das Generalkapitel die eigentlichen Entscheidungen über Statuten, Ämterbesetzungen und Ordenspolitik zu treffen hatte. Nach den *Stabilimenta* von 1489/93 handelte es sich dabei um 16 Kapitulare, die paritätisch aus den acht Zungen zu wählen waren. Ging das Generalkapitel auseinander, ohne über alle Punkte abschließend befunden zu haben, konnte die Beschlusskompetenz auf den im Konvent versammelten «vollständigen Rat» übertragen werden, dem wiederum Vertreter aller Zungen angehören mussten. Dieses Gremium wurde auch einberufen, wenn es im gewöhnlichen Rat keine Entscheidung gegeben hatte oder wichtige Probleme anstanden. Paritätisch besetzt waren daneben die Ordensgerichte, die *esgarts des frères*. Nach Streitigkeiten über die Finanzverwaltung wurde 1449 dafür zudem ein Kontrollgremium eingerichtet, die sieben bzw. acht «Anhörer der Abrechnung» (*auditores computorum*), für die jede Zunge einen Bruder stellte. Schließlich waren bestimmte Ämter einzelnen Zungen vorbehalten oder wurden in festgelegtem Wechsel besetzt.

Die Zungen wurden aber auch zu wichtigen Schaltstellen zwischen dem Konvent und den ihnen zugeordneten Prioraten. Ihre Mitglieder versammelten sich – wohl im Wesentlichen auf Aufforderung des Meisters – unter der Leitung der Konventualbaillis in ihren Herbergen, die so etwas wie einen eigenen

Rechtsraum mit eigener Finanzverwaltung und Buchführung bildeten und ebenfalls den Konventualbaillis unterstanden. Nach Statuten von 1471 und 1520 durften die Brüder auf den Versammlungen über alle Angelegenheiten der Zunge und der Herberge beraten, insbesondere über Besitz und Finanzen, nicht aber über Fragen, die den gesamten Orden betrafen. Im Zentrum standen dennoch zweifellos die Entscheidungen über die Ämterbesetzung. Gerade dies führte immer wieder zu heftigen Auseinandersetzngen, sodass unter Pierre d'Aubusson ein Statut über die notwendige Mäßigung bei der Beratung in den Zungen erlassen werden musste, das unziemliche Gesten und Handlungen sowie mangelnde Reverenz gegenüber Oberen unter Strafe stellte. Stand die Berufung von Konventualbaillis und Prioren an, versammelten sich zunächst die Zungen, um über geeignete Kandidaten zu beraten. Da dabei auch über deren *ancianitas* entschieden wurde, hatten die Vorschläge an Meister und Rat schon eine gewisse Verbindlichkeit; Streit entzündete sich meist daran, ob die *ancianitas* eines anderen Bruders übergangen worden war. Diese spielte aber ebenso schon eine Rolle für die Besetzung der landesherrlichen Ämter auf den Inseln des Dodekanes sowie derjenigen Präzeptoreien, über die im Konvent verfügt werden konnte.

## 4. Die Landesherrschaft über die Inseln des Dodekanes

Die beschriebenen zentralen Ämter und Institutionen der Johanniter waren im Wesentlichen für die Angelegenheiten des gesamten Ordens zuständig. Der Erwerb der Landesherrschaft über Rhodos und seine Nachbarinseln zwischen 1306 und 1310 brachte ein völlig neues Element ins Spiel. Bestehende Ämter erhielten neue Aufgaben und Kompetenzen, und neue Ämter, die landesherrliche Rechte und Pflichten wahrnahmen, wurden eingerichtet. Eigentlicher Landesherr war der Meister, nicht der gesamte Orden. Allerdings wurde schon in der Zeit Élion de Villeneuves festgelegt: «Der Meister behält die Insel Rhodos und die anderen zu ihr gehörenden Inseln in seiner Hand, um sie zu halten und zu verwalten, wie es ihm gut erscheint, mit dem Rat der

erfahrenen Männer des Konvents.» (nach Sarnowsky, Macht, S. 243–244, Anm. 93) Faktisch bedurften die Meister daher bei den meisten Entscheidungen der Zustimmung des Rates, zumal oft auch das weitere Schicksal des Ordens davon abhing.

Die Untertanen waren den Meistern durch einen Treue- und Lehnseid verpflichtet und konnten auf regelmäßig stattfindenden Audienzen ihre Klagen und Bitten vorbringen. Die Meister entschieden über die Siedlungspolitik und die Vergabe von Grundbesitz, stellten Geleitbriefe für die Reise nach Rhodos sowie Empfehlungsschreiben für die Gesandten des Ordens aus und regelten zusammen mit dem Rat alle Fragen der Versorgung und Verteidigung der Ordensterritorien. Ihre vom Konvent getrennte eigene Finanzverwaltung baute vor allem auf den Einkünften in der Ägäis, den grundherrlichen Abgaben der Einwohner, Gerichtsgefällen und Zöllen auf. Städtische Monopole wie das Seifen-Monopol wurden gegen feste Beträge verpachtet. In fast allen Belangen konnten die Meister im 15. Jahrhundert durch ihre Seneschälle vertreten werden, die den Einzug der Abgaben vornahmen oder auch mit den Untertanen verhandelten. Seit der Übersiedlung des Konvents in die Stadt Rhodos 1311 waren auch die Konventualbaillis mit Fragen der Landesherrschaft befasst, nicht zuletzt der Turkopolier, der für seine Visitationen der Bewachung von Rhodos jeweils an der Küste der Insel umherreiste.

Daneben entstanden eigens neue Ämter für die Landesherrschaft auf Rhodos und den Nachbarinseln. Das wichtigste wurde das des Kastellans von Rhodos. Neben Meister und Rat waren die auf zwei Jahre abwechselnd aus den Zungen berufenen Kastellane die höchsten Vertreter der zivilen wie der Strafgerichtsbarkeit auf Rhodos. Sie verfügten über einen eigenen Verwaltungsbezirk, die Kastellanei, und kontrollierten das städtische Gefängnis. Für die einmal jährlich am 1. September stattfindenden Wahlen der städtischen Amtsträger lud der Kastellan zu den Versammlungen ein, leitete die Sitzungen, nahm mit den anderen Amtsträgern des Ordens an den Abstimmungen teil und konnte notfalls bei Stimmengleichheit mit einer zweiten Stimme den Ausschlag geben.

Ihm unterstanden daneben zwei meist nicht dem Orden angehörende Richter, der gewöhnliche und der Appellationsrichter. Ersterer befand in zivil- wie strafrechtlichen Fällen, setzte Vormunde und Verwalter ein und kontrollierte weitere ihm unterstellte Amtsträger. Der Appellationsrichter dagegen konnte zivilrechtliche Entscheidungen des gewöhnlichen Richters mit Erlaubnis des Meisters mit einer Frist von 20 Tagen aufheben oder bestätigen. Davon abgetrennt war die Handelsgerichtsbarkeit, die von einem anderen Ordensbruder, dem Bailli des *com-*

*merchium*, geleitet wurde. Strittige Fragen um Handel und Schifffahrt wurden, sofern die Appellationen wahrgenommen wurden, nacheinander durch vier hierarchisch gestaffelte Instanzen entschieden. Beim Bailli und seinen Helfern wurden auch alle Verkäufe von Schiffen registriert, und er kooperierte eng mit dem untergeordneten Hafenmeister, der die Schiffsbewegungen im Hafen und vor der Insel Rhodos überwachte.

Eine Grundlage der Rechtsprechung bildeten gewohnheitsrechtliche Bestimmungen, wie sie zu Beginn des 14. Jahrhunderts in den sogenannten *Capitula Rhodi* zusammengetragen wurden. Ähnlich wie andere städtische Statuten aus dem Mittelmeerraum legten sie Strafen für Körperverletzung, Diebstahl, Mord sowie Vergewaltigung fest und regelten den Handel, Maße, das Mühlen- und Marktwesen, den Hafenbetrieb, die Entlohnung von Handwerkern und den Stand der Kinder aus Ehen zwischen Griechinnen und Lateinern. Dieser Grundstock von Bestimmungen wurde in der Zeit der Ordensherrschaft offenbar kontinuierlich erweitert. So lassen sich für 1385 je zwei Lateiner und zwei Griechen nachweisen, die sich mit darum kümmern sollten, dass die Stadt Rhodos ausreichend mit Lebensmitteln versorgt wurde – Amtsträger, für die sicher eigene Bestimmungen erlassen wurden. Schon 1381 ist von einem städtischen Statut für die Insel Rhodos die Rede, und im 15. Jahrhundert finden sich Hinweise auf Einzelregelungen, die ebenfalls noch nicht in den *Capitula Rhodi* überliefert sind. Nach dem Erdbeben von 1481, das als Strafe Gottes für die Sündhaftigkeit der Einwohner von Rhodos verstanden wurde, erfolgte 1482 eine Verschärfung der Strafen für Aberglauben, Blasphemie, Wucher, Sodomie (Homosexualität), Ehebruch, Meineid und Falschmünzerei.

Die Vielzahl der Regelungen machte jedoch die Situation unübersichtlich. Daher ging eine Kommission aus Konventualbaillis und Prioren nach dem Generalkapitel vom November 1504 daran, die Richter und einzelne Kaufleute nach dem geltenden Recht zu befragen und eine erste Redaktion von Rechtssätzen vorzunehmen; ab Juli 1506 wurde diese erste Sammlung dann von anderen Amtsträgern, Juristen und Bürgern von Rhodos gesichtet, korrigiert und ergänzt. Das Ergebnis waren die *Pragmaticae Rhodiae*, die durch das zweite Generalkapitel unter Meister Émery d'Amboise im Februar 1510 verabschiedet wurden und auch auf Malta Gültigkeit erlangten. Sie behandeln in vier Teilen die Ämter in der Stadt und auf der Insel, die verschiedenen Gewerbe, allgemeine Rechtsfragen sowie Strafen für die unterschiedlichen Vergehen und Verbrechen. Auf diese Weise wurden die Kompetenzen des Kastellans von Rhodos, des Baillis des *commerchium* und der Richter geregelt, die Formen der städtischen Selbstverwaltung bestimmt und die Aufgaben von Medizinern, Chirurgen und zahlreichen anderen Berufen umrissen.

Die hervorragendsten Vertreter der begrenzten städtischen Selbstverwaltung waren die vier *jurati dala terra* («Geschworenen des Landes»), zwei Lateiner und zwei Griechen, die wie schon 1385 vor allem für die Versorgung mit Lebensmitteln zuständig waren. Sie überprüften die Vorräte, kontrollierten Gewichte, Maße sowie die Qualität der Waren und legten einmal jährlich am 2. Januar zusammen mit dem Kastellan und den Richtern die Kriterien für Preise und Warenqualität fest. Daneben spielten vor allem die beiden *signori de la sanità* («Gesundheitsherren») eine wichtige Rolle, ein Lateiner und ein Grieche, die den Ausbruch von Epidemien verhindern sollten und deshalb die im Hafen einlaufenden Schiffe auf Gesundheitsrisiken überprüften. Die Zünfte standen unter der Leitung von zwei bis vier *prothomaestri* (Vorstehern), Lateinern und Griechen, die die Qualität der Waren kontrollierten und Klagen nachgingen. Sie wurden einmal jährlich, am 1. September, auf der Versammlung unter der Leitung des Kastellans von Rhodos gewählt.

Da es den Johannitern nach 1310 nur in sehr begrenztem Umfang gelang, lateinische Siedler nach Rhodos zu holen, bildeten die Griechen durchgängig die Mehrheit der Untertanen. Während ein Teil von ihnen durch die wohl aus byzantinischer Zeit übernommene *servitudo marina*, die Verpflichtung zum Kriegsdienst auf den Schiffen des Ordens, zumindest bis zu deren Aufhebung 1462 schlechter gestellt war und als unfrei galt, waren die anderen den eingewanderten Lateinern und den Kaufleuten aus dem Westen weitgehend gleichgestellt. Dies zeigt sich einmal an der paritätischen Besetzung der Ämter in der Stadt Rhodos, zum anderen an der Akzeptanz der griechischen Kirche und ihrer Liturgie. So wurde schon unmittelbar nach der Eroberung, um 1309, mit den Vertretern der Griechen eine Übereinkunft, ein *sacramentale*, erzielt, das die orthodoxe Kirche auf Rhodos und seinen Nachbarinseln dem Papst und der römischen Kirche unterstellte. Tatsächlich lag dabei die Aufsicht in der Hand des Meisters (und seines Rats), sodass die griechischen Priester und die Leiter der Klöster durch den Orden eingesetzt wurden. Nach der formalen Union von Ost- und Westkirche auf dem Konzil von Ferrara-Florenz 1439 kam noch ein griechischer Metropolit (Erzbischof) dazu, der dem lateinischen Erzbischof wie ein Suffragan unterstand, aber ebenfalls durch den Meister berufen wurde. Trotz dieser lateinischen Kontrolle konnte die orthodoxe Kirche ihre Liturgie und ihre Riten wahren. Beim Metropoliten auf Rhodos wie auf den anderen Inseln gab es eigene griechische Schreiber (Notare), die die Rechtsgeschäfte der Griechen aufzeichneten.

Die Landesherrschaft auf Rhodos außerhalb der Stadt sowie auf den anderen Inseln vertraten zumeist die Kastellane der zahlreichen Befestigungsanlagen. Auf Rhodos wurde insbesondere durch die Kastellane von Lindos, Archangelos und Siana in Rechtsfragen entschieden und auf die wirtschaftliche Nutzung des Umlands Einfluss genommen. In Lindos gab es zudem ein Gefängnis, in dem verurteilte Brüder und Untertanen des Ordens ihre Haftstrafen verbüßten. Die Kastellane auf den Inseln Leros und Kalimnos unterstanden den Präzeptoren von Kos, die im Ordensterritorium eine Sonderrolle spielten. Sie leiteten ein eigenes Ordenshaus, das neben den Festlandskastellen und den Schiffen des Ordens immer wieder jüngere Ordensbrüder während ihrer *caravana* aufnahm. Die Amtsträger hatten eine eigene Wirtschaftsführung und trugen zur Getreideversorgung und Finanzierung des Konvents auf Rhodos bei. Bis 1471 waren die Präzeptoren von Kos im Allgemeinen hochrangige Brüder, danach lange durch die Meister berufene Verwalter. Sie organisierten auch die Versorgung der auf dem Festland gelegenen Besitzungen, die eigenen Kapitänen unterstanden: zunächst Smyrna

(Izmir), dann seit 1407/08 das Kastell St. Peter. Schließlich gab es im östlichen Mittelmeer noch Ordensbesitz auf Zypern und in Griechenland. Auf Zypern konnten die Johanniter im 14. und 15. Jahrhundert aus der Zuckerproduktion, insbesondere bei der Burg Kolossi, erhebliche Einnahmen erzielen. Die für Euböa und die Peloponnes berufenen Amtsträger, die Baillis von Negroponte und Morea, hatten dagegen im späteren 15. Jahrhundert reine Ehrenämter inne. Sie gehörten zu den Kapitularbaillis, hohen Amtsträgern des Ordens, die auf einem Generalkapitel eingesetzt wurden, wie die Präzeptoren von Mallorca im Priorat Katalonien und andere, und wesentlich Einfluss auf die Entscheidungen im Konvent nahmen.

## 5. Präzeptoreien und Priorate im Westen

Ähnlich wie die anderen Ritterorden hingen die Johanniter in ihrem Einsatzgebiet, zunächst im Heiligen Land, dann auf Rhodos und Malta, personell wie finanziell von der Unterstützung ab, die die Herkunftsregionen für die Operationen des Ordens leisten konnten. Deshalb kam es sowohl darauf an, den Besitz im Westen effektiv zu organisieren und zu verwalten, als auch darauf, der Ordensleitung im Konvent eine hinreichende Kontrolle darüber zu ermöglichen. Ein wichtiges Instrument dafür war die Ämterbesetzung, was zur Folge hatte, dass sich die Karrieren im Konvent und im Westen im Laufe des 14. und 15. Jahrhunderts immer enger verbanden. Hatten sich die Brüder auf Rhodos bewährt, konnte man auch darauf vertrauen, dass sie den Ordensbesitz im Westen angemessen verwalteten. Dazu kam das Mittel der Visitation, das in dieser Zeit weiter ausgebaut wurde. Im 13. und 14. Jahrhundert ernannte man mehrfach Großpräzeptoren für bestimmte Regionen im Westen, in denen Besitzfragen zu regeln waren oder deren Wirtschaftsführung überprüft werden sollte. Im 15. Jahrhundert beriefen dann die Meister einzelne Brüder zu ihren Stellvertretern im Westen. 1445/46 war es der Seneschall des Meisters, Guillaume de Lastic, der die europäischen Besitzungen visitieren und notwendige Reformen durchführen sollte.

Visitationen des gesamten Ordens wie z. B. die große der 1370er Jahre gingen teilweise auf päpstliche Initiative zurück. Aber auch die Ordensleitung auf Rhodos entsandte insbesondere im 15. Jahrhundert wiederholt Visitatoren, allerdings möglichst nicht in deren Herkunftsregion. Hintergrund waren die Streitigkeiten um die Zahlungen der Responsionen an den Konvent, der Anteile an den Einkünften der Häuser im Westen. Grundsätzlich waren sie von der Situation des Ordens abhängig und wurden jeweils auf den Generalkapiteln festgelegt. In der Regel handelte es sich um ein Drittel oder ein Viertel der Überschüsse, zuweilen aber auch um die Hälfte oder mehr, die an Einnehmer im Westen gezahlt oder mit Zahlungen im Namen des Ordens verrechnet wurden. Die tatsächlich von den einzelnen Häusern und Prioraten insgesamt aufzubringenden Summen richteten sich jedoch nach deren wirtschaftlicher Lage. Bei Einkommensverlusten, etwa durch die häufigen Kriege im Westen, wurden die Beträge herabgesetzt. Die Visitatoren hatten deshalb auch oft die Leistungsfähigkeit einzelner Regionen oder Priorate zu überprüfen.

Die Zahlungsmoral erwies sich allerdings als ein generelles Problem, sodass nicht geleistete Responsionen zunehmend härtere Strafen nach sich zogen und der Tatbestand in den Rang einer Rebellion gegen die Ordensoberen erhoben wurde. So galt schon seit dem 14. Jahrhundert, dass Schulden an den Schatz der Gemeinschaft nicht mit der Ausübung von Ordensämtern vereinbar waren und letztlich zur Amtsenthebung führen konnten. Wer einmal seine Präzeptorei wegen seiner Schulden eingebüßt hatte, verlor nach einer Bestimmung des Generalkapitels von 1475 auch seine Mitgliedschaft in einer der Zungen und damit die Möglichkeit zum erneuten Aufstieg. Unter Pierre d'Aubusson wurde den als Rebellen wahrgenommenen Schuldnern sogar der Verlust des Habits, d. h. der Ausschluss aus dem Orden, angedroht. Gingen die regionalen Amtsträger nicht gegen Schuldner vor, drohten ihnen ähnliche Strafen bis hin zur Absetzung.

Forderungen dieser Art betrafen auch die Einnahmen aus Ämtern, die durch den Tod des Amtsinhabers oder durch seine

«Versetzung» vakant geworden waren, die *mortuaria* und *vacantia*, sowie die Nachlässe verstorbener Brüder, die *spolia*. Insbesondere Nachlässe konnten wegen der Möglichkeit, eigenen Besitz auf Lebenszeit zu nutzen, ungeachtet des beim Ordenseintritt geleisteten Versprechens persönlicher Armut einen beachtlichen Umfang annehmen; sie wurden aber gerade vor dem Hintergrund des Armutsgelübdes meist nachdrücklich eingefordert. Ein weiteres Problem waren Ordensrechte und -besitzungen, die, vielleicht wegen der familiären Bindungen eines Bruders oder aufgrund rechtlicher Unklarheiten, in weltliche Hand gelangt waren. Die Johanniter suchten gegen diese «Entfremdungen» mit allen Mitteln vorzugehen. Jedem Bruder war die Vergabe von Ordensbesitz an Dritte strengstens verboten, es sei denn, er befand sich in einer außerordentlichen wirtschaftlichen Notlage. Häufig wurde die Unterstützung der Fürsten und Herren oder – als schärfste Waffe – die des Papstes gesucht, um verlorenen Besitz wieder unter die Kontrolle des Ordens zu bringen. Schon seit der Zeit Élion de Villeneuves erhielten die Brüder, die Besitz zurückgewannen, eine besondere Belohnung, die darin bestand, dass sie diesen Besitz danach auf Lebenszeit verwalten durften.

Noch schwerwiegender waren die Entwicklungen, die der Ordensleitung die Kontrolle über die Häuser in einzelnen Regionen oder ganzen Provinzen zu entziehen drohten. Mit der Übernahme des Templerbesitzes hatten sich auch die Strukturen im Westen verfestigt; es entstanden insgesamt etwa 25 Priorate. Bis 1312 waren davon sieben in Italien (Messina, Barletta, Capua, Rom, Pisa, Venedig und Lombardei) eingerichtet worden, vier auf der Iberischen Halbinsel (Portugal, Kastilien-León, Navarra und Aragón bzw. die Kastellanei Amposta) und sechs bzw. sieben im Westen und im Zentrum Europas (England, Irland, Skandinavien [Dacia], Böhmen, Ungarn und zeitweilig zwei deutsche Priorate). Dazu kamen in Frankreich das älteste Priorat St. Gilles sowie die Francia im Norden und die Auvergne. Der umfangreiche ehemalige Templerbesitz führte hier zur Einrichtung der drei neuen Priorate Toulouse, Aquitanien und der Champagne; in Spanien kam als fünftes Priorat Katalonien dazu.

Bei diesen weit gespannten Besitzungen kann es nicht verwundern, dass sich immer wieder zentrifugale Tendenzen bemerkbar machten. So waren einige Priorate, etwa Dacia, aber auch die Häuser in Irland, im Nordosten Deutschlands und in Ungarn, praktisch nicht im Konvent vertreten oder hielten nur einen minimalen Kontakt zur Ordensleitung aufrecht. Dies hatte weitreichende Konsequenzen bis hin zur Doppelbesetzung von Prioraten, wenn vor Ort politischen Einflüssen Rechnung getragen werden musste, um den Besitz zu wahren, die Ordensleitung aber auf ihrem Besetzungsrecht bestand. Ein Beispiel ist das ungarische Priorat, für das die Priore in Ungarn selbst in Abstimmung mit dem Königtum berufen wurden, während die Generalkapitel sowie Meister und Konvent spätestens seit 1373 abwechselnd Brüder aus der italienischen und der provenzalischen Zunge zu Prioren von Ungarn beriefen.

Ähnlich verhielt es sich zeitweilig in Böhmen und in Irland. Aber auch auf der Iberischen Halbinsel, in der Francia und in England wurde die Berufung der Priore oftmals eng mit dem Königtum abgestimmt. In England, wo die Priore traditionell wichtige Aufgaben für das Königtum übernahmen, führten nicht zuletzt die Rosenkriege zu erheblichen Problemen bei der Berufung neuer Amtsträger. Nach dem Tode Robert Botylls 1468 konnte der im Konvent designierte Nachfolger, John Langstrother, nur sehr vorsichtig agieren, weil er als Anhänger der Lancaster-Dynastie galt. Er wurde schließlich Anfang 1470 erst akzeptiert, als er Eduard IV. einen besonderen Treueid leistete. Nachdem er sich bei der Vertreibung Eduards im April desselben Jahres wieder dessen Gegenspielern angeschlossen hatte, wurde er im Mai 1471 nach dem Erfolg der York-Partei bei Tewkesbury hingerichtet und der Orden zu einer finanziellen Wiedergutmachung verurteilt.

Die Priore bildeten die wichtigsten Vermittler zwischen dem Konvent und den Ordenshäusern im Westen. Oft hielten sie sich, wenn sie keine wichtigen Aufgaben in ihren Prioraten wahrzunehmen hatten, auf Rhodos auf. Nach 1420 mussten immer zwei von ihnen dort präsent sein, zwischen 1466 und 1489 sogar drei, in einem festgelegten zweijährigen Turnus. Im

Konvent gehörten sie als «älteste» Brüder des Priorats zu den informellen Häuptern der Zungen, im Westen entschieden sie über Ämterbesetzungen, hatten richterliche Kompetenzen bei internen Streitigkeiten, führten selbst Visitationen durch und leiteten die Provinzialkapitel. Auf diesen wurden die jüngsten Beschlüsse von Meister, Rat und Generalkapiteln bekannt gemacht, die Responsionen eingezogen, die adlige Herkunft neu aufzunehmender Brüder überprüft und Berufungen von Brüdern nach Rhodos bekannt gemacht.

Der Personalstand im Westen, der durch besondere Genehmigungen von Meister und Rat bei der Aufnahme neuer Mitglieder gesteuert wurde, verringerte sich insbesondere seit den Einschränkungen um 1300. So befanden sich z.B. 1338 in England, Schottland und Wales nur etwa 114 Brüder in rund 50 Niederlassungen, von denen sich – bei einigen unklaren Fällen – 31 als Ritterbrüder, 34 als Priesterbrüder und 47 als Servienten identifizieren lassen. In Südostfrankreich sah die Situation zu diesem Zeitpunkt mit 58 Ritterbrüdern, 144 Servienten und 117 Priestern noch etwas anders aus. Allein in Manosque lebten 51, in Le Poët-Laval 42 und in drei weiteren Häusern jeweils über 30 Brüder. Infolge der Pest sowie aufgrund militärischer Auseinandersetzungen und wirtschaftlicher Probleme änderte sich dies jedoch, und in Manosque ging die Zahl bis 1411 auf 21 Brüder zurück.

Die grundlegenden Tendenzen treten anhand der Erhebungen von 1373 noch deutlicher hervor. Für 70 der 106 Präzeptoreien Nordfrankreichs sind zu dieser Zeit nur 124 Priesterbrüder, 49 Servienten und fünf Ritterbrüder nachgewiesen, ohne die 25 bis 30 Ritter, die im Konvent oder woanders außerhalb des Priorats tätig waren. Im selben Jahr beherbergte Mechelen mit dem abhängigen Haus in Aachen sechs Ritterbrüder, von denen einer 31, die anderen zwischen 42 und 67 Jahre alt waren, sowie sieben Priesterbrüder. Die Aufnahmepolitik des Ordens führte demnach nicht nur zu einer Verminderung des Personals, sondern offenbar auch zu einer Überalterung. Zudem war die Zahl der Priesterbrüder meist höher als die der Ritterbrüder, sodass diese oft zentrale Aufgaben in den Präzeptoreien übernahmen. Ritter- wie Priesterbrüder wurden eigens zum Dienst in den Konvent gerufen. Auf dem Generalkapitel von 1466 legte man dafür Normzahlen fest: 300 Ritter-, 30 Priesterbrüder und 20 Servienten aus den verschiedenen Prioraten. Tatsächlich lag die Zahl der im Konvent nachweisbaren Brüder wohl lange darunter und wurde angesichts wachsender Bedrohung erst im 16. Jahrhundert deutlich überschritten; die Höchstzahl lag bei 551 Brüdern im Jahr 1513. Zu hohe Zahlen von Brüdern in den Präzeptoreien wie im Konvent waren jedoch auch immer ein wirtschaftliches Problem, da sie angemessen versorgt und ausgestattet werden mussten.

## 6. Landwirtschaft, Handel und Gewerbe

Während der gesamten mittelalterlichen Geschichte der Johanniter und darüber hinaus bildete die Landwirtschaft die Grundlage ihrer Wirtschaftsführung. Wie bei allen Grundherren der Zeit hingen die Bewirtschaftungsformen von den lokalen Gegebenheiten ab. Waren die Besitzungen klein und verstreut wie im englischen Essex, wurden sie gegen Zins ausgegeben, bei größeren zusammenhängenden Ländereien wie teilweise in Italien übernahmen die Brüder die Verwaltung selbst. Im Zentrum stand dabei jeweils die Präzeptorei, in der die verschiedenen Einkünfte, auch aus abhängigen Häusern, gesammelt wurden. Neben grundherrlichen Einnahmen waren dies Zehnte und weitere kirchliche Abgaben, aber auch Gerichtsgefälle, Mühlenabgaben und Ähnliches.

Vielfach mussten die Ländereien erst erschlossen werden, bevor eine ertragreiche Nutzung möglich war, etwa in den Grenzregionen Spaniens. Neben der Bewässerung spielte dabei die Anlage von Wind- und Wassermühlen eine Rolle, wie z. B. im kastilischen Consuegra oder oberhalb von Akkon bei Recordana, wo Templer und Johanniter während des 13. Jahrhunderts um das Wasser für den Mühlenbetrieb konkurrierten. In der Nähe von London unterhielt der Orden sogar eine Gezeitenmühle. Im Heiligen Land betrieben die Johanniter – zumindest bis zu den Mamluken-Angriffen der 1260er Jahre – eine intensive Bewirtschaftung ihrer Besitzungen. Aber sogar noch bis zum

Fall von Tripolis 1289 bemühten sie sich nicht ohne Erfolg, neue Böden zu erschließen oder zerstörte Pflanzungen zu rekultivieren, auch wenn dies immer aufwendiger wurde. Dabei konzentrierten sie sich vor allem auf die Zuckergewinnung, die hohe Erträge versprach. Seit 1210 besaß der Orden mit Kolossi auf Zypern ein weiteres Zentrum der Zuckerproduktion, das im 14. und 15. Jahrhundert immer wichtiger wurde.

Die Johanniter bauten nie ein Handelsnetz auf, wie das dem Deutschen Orden um 1400 für den Nord- und Ostseeraum gelang. Dennoch bildete der Handel spätestens seit dem 13. Jahrhundert eine wichtige Einnahmequelle. So wurden vielfach die auf den eigenen Ländereien erzielten Überschüsse verkauft. In Sizilien, das sowohl das Heilige Land als auch später Rhodos mit Lebensmitteln versorgte, unterhielt der Orden Weinberge und baute Getreide an, das exportiert wurde. In Aragón wie in England erwarben die Brüder Wälder und verkauften das aus den Bäumen gewonnene Holz. So schloss der Kastellan von Amposta 1354 einen Vertrag, demzufolge er dem Ordenshaus Caspe Holz im Wert von 156 000 Barceloneser *sueldos*, einer beachtlichen Summe, übergeben sollte. Zudem erhielt er 1351 die königliche Erlaubnis, am Ebro bei Ulldecona einen eigenen kleinen Hafen einzurichten, über den Getreide, Wein und andere Güter umgesetzt werden durften.

Ähnliches galt im Einsatzgebiet. Aus Rhodos exportierte man Zucker, Seife und Leinentücher und aus Malta später Baumwolle, Orangen und die vom Orden aufgezogenen Falken. Schon im 14. Jahrhundert wurde in Paris und anderen Städten Frankreichs Zucker im Wert von über 6000 Florenen verkauft. Der Handel wurde im Wesentlichen von Kaufleuten aus dem westlichen Mittelmeer getragen. So erhielten die Bürger von Narbonne und Montpellier 1356 vom Meister das Recht, auf Rhodos einen eigenen Fondaco einzurichten und dort frei eigene und fremde Produkte umzuschlagen. Andere Geschäftspartner des Ordens kamen im 14. und 15. Jahrhundert aus Barcelona, Marseille, Avignon, Neapel, Venedig, Florenz und Genua; sie führten Getreide, Öl, Pfeffer, Tuche und anderes zur Versorgung des Konvents, der Insel und der Stadt Rhodos ein. Die Johanniter ihrerseits konnten erhebliche Mengen Tuch verkaufen, so 1380 im Wert von über 14 000 Florenen nach Marseille und Barcelona, da einige Priorate, insbesondere das englische, ihre Responsionen in Gestalt von Tuchen übersandten. Handelskontakte, selbst unter Beteiligung einzelner Brüder, bestanden auch nach Ägypten, wohin aber keine kriegswichtigen Güter geschickt werden durften. Trotz gewisser Bedenken des Ordens wurden auf Rhodos auch Sklaven gehandelt.

Neben den Einkünften aus der Landwirtschaft und dem Handel bildete im 13. Jahrhundert der Transport der immer zahlreicher ins Heilige Land strömenden Pilger ein einträgliches Geschäft. Nicht zufällig mussten sich Templer und Johanniter im Oktober 1233 in einem Vertrag mit Marseille zu einer Begrenzung des von den Ritterorden kontrollierten Schiffsraums bereitfinden. Dadurch wurden sie darauf beschränkt, «nur zwei ihrer eigenen Schiffe zweimal im Jahr im Hafen von Marseille zu halten, zu beladen oder zu entladen, nämlich zwei Schiffe im *passagium* des Augusts, und zwar eins vom Templerorden, das andere vom Hospitalorden, und im Passa- oder März-*passagium* ebenfalls zwei Schiffe, eins vom Tempel, eins vom Hospital, zur Beförderung der Angehörigen und des Eigentums der beiden Orden» (nach Wienand, S. 593). Die Pilger wurden auf die – schon unglaublich hohe – Zahl von 1500 je Schiff begrenzt, wovon die Kaufleute aber noch ausgenommen waren, welche die gewöhnlichen städtischen Abgaben entrichten sollten. Bei Bedarf konnten weitere Schiffe nur für den Orden, nicht für Kaufleute oder Pilger, ausgerüstet werden.

Mit dem Verlust des Heiligen Landes ging auch diese Einnahmequelle verloren. Nur noch die Venezianer profitierten von den Pilgern, denen sie im 15. Jahrhundert regelmäßige Dienste zwischen Venedig und Jaffa anboten. Obwohl der Orden immer noch zahlende Gäste auf seinen Schiffen nach Rhodos mitnahm, versprachen eher militärische Unternehmungen einen gewissen Ersatz, wie etwa die Eroberung und Plünderung Alexandrias durch ein Kreuzfahrerheer 1365, woran der Orden beteiligt war. Das galt auch für die Zusammenstöße zwischen der kleinen Flotte der Johanniter und ihren muslimischen Gegnern. Generell waren die Grenzen zwischen militärischer Aktion, Kaperei und Piraterie fließend. In Kriegszeiten galten Überfälle auf die Schiffe der Gegner als legitim, aber auch sonst kam es immer wieder zu Konflikten. Der Orden duldete Piraten, solange sie nicht gegen Christen vorgingen, und profitierte von ihrem Raubgut durch einen erhöhten Zoll für die Waren, die nach Rhodos gebracht wurden und dort verkauft werden sollten.

Seit dem 15. Jahrhundert wurde der *corso*, die von Meister und Rat autorisierte Kaperei von Schiffen der Gegner des Christentums, in festen Formen organisiert. So erhielten etwa im April 1413 zwei Brüder der französischen Zunge die Erlaubnis, auf eigene Kosten «gegen die ungläubigen Feinde unseres Ordens» vorzugehen und ihre Güter einzuziehen (nach Luttrell, Hospitaller State, Nr. VIII, S. 183). Ausgenommen davon waren die Verbündeten der Johanniter und jene Muslime, mit denen ein Waffenstillstand geschlossen war. Darüber hinausgehende Angriffe wurden auf Rhodos vor Gericht gebracht. Später verstand man diese militärischen Unternehmen vielfach als wirtschaftliche Investition, und der Orden entwickelte Regeln, um nicht die Kontrolle über die Ereignisse zu verlieren. Die Johanniter konnten so nicht nur ihre Stellung als Vorkämpfer der Christenheit wahren, sondern erzielten offenbar auch erhebliche Gewinne. Nach dem Reisebericht des Pfalzgrafen bei Rhein, Ottheinrich, von 1521 gaben die Brüder auf Rhodos erheblich mehr aus, als sie aus den Häusern im Westen einnahmen. Ausgaben von 97 977 Dukaten standen nur Einnahmen von rund 47 000 Dukaten gegenüber. «Das Übrige müssen sie auf dem Meer holen von ihren Feinden, damit sie auskommen können.» (Deutsche Pilgerreisen, S. 575)

## 7. Die Verwaltung der Finanzen

Generell erwies sich eine vorausschauende Wirtschaftsführung als schwierig. Vielmehr wurden immer wieder Schulden gemacht, auch wenn die Amtsträger vorsichtig agierten. So lässt sich z. B. nach der Niederlage von Hattin 1187 in den französischen Prioraten eine deutliche Zurückhaltung bei Investitionen ausmachen, doch wurde diese Haltung nach 1200 aufgegeben, als der Orden im Heiligen Land mit dem Aufbau einer eigenen Flotte begann und umfangreiche neue Besitzungen erwarb. Dies setzte sich nach der Niederlage bei La Forbie 1244 fort, obwohl die Priorate seit 1250 immer weniger in der Lage waren, den geforderten Zahlungen nachzukommen. Trotz eines Verbots des Generalkapitels von 1262, Ordensbesitz zu entfremden, also wieder in weltliche Hände zu geben, waren selbst Verkäufe von Ländereien nicht ausgeschlossen.

Auch nach dem Verlust des Heiligen Landes blieb die Situation angespannt. Die Kritik an den Ritterorden führte zu einem Rückgang der Einnahmen, während der Orden auf Zypern nicht über ausreichende Mittel verfügte, um seine fortgesetzten militärischen Aktivitäten zu finanzieren. Die Eroberung von Rhodos und der Ausbau der Befestigungen führten die Johanniter ab 1306 endgültig in die Verschuldung; dazu kamen Zahlungen an die europäischen Fürsten, die Entschädigungen oder «Verwaltungsgebühren» für die vom Papst 1312 verfügte Übergabe des ehemaligen Templerbesitzes forderten.

Schon unter Foulques de Villaret, dann insbesondere unter dem neuen Meister Élion de Villeneuve griff Papst Johannes XXII. zugunsten des Ordens ein. Er versuchte die Brüder im Westen zu besserer Zahlungsmoral anzuhalten, Entfremdungen von Besitz zu unterbinden und generell die Schulden zu reduzieren. Élion blieb selbst bis 1332 im Westen, um die neuen Besitzungen in die Verwaltungsstrukturen zu integrieren sowie die Übergriffe auf Ordensbesitz und Widerstand gegen die Überführung von Geldern und Personal nach Rhodos zu vermindern. Auf Generalkapiteln in der Provence wurde zu diesem Zweck eine strengere Disziplin der Brüder angemahnt. Teilweise musste Ordensbesitz verkauft werden, doch die Schulden beim florentinischen Bankhaus der Bardi und Peruzzi beliefen sich noch 1320 auf 500 000 Florenen. Bis 1335 konnte Élion de Villeneuve diese Schulden – auch mithilfe höherer Responsionen – abbauen, und es gelang ihm, bis 1343 ein Guthaben von 360 000 Florenen anzuhäufen. Dann allerdings brach die Bank angesichts der hohen Schulden des englischen Königs und der Päpste zusammen, und das Geld war verloren.

Zeitgenossen wie der Venezianer Marino Sanudo verdächtigten die Johanniter, ihre immensen Einkünfte unnütz auf Rhodos zu verschwenden. Papst Innozenz VI. drohte 1356 mit der Verlegung des Konvents auf das Festland, und er und seine Nachfolger forderten immer wieder eine stärkere Beteiligung des Ordens an Kreuzzugsunternehmen ein. Gregor XI. ging schließlich 1373 so weit, dass er eine allgemeine Verzeichnung der Johanniterbesitzungen in allen Teilen Europas anordnete, um die Möglichkeiten des Ordens besser einschätzen zu können. 1374 übertrug er den Johannitern die Verantwortung für den Außenposten in Smyrna, und 1375 befahl er ein militärisches Unternehmen *(passagium)* des Ordens in Griechenland, für das erneut Schulden aufgenommen und Besitzungen verkauft werden mussten. Dabei geriet Meister Juan Fernández de Heredia in Gefangenschaft, sodass die Verbindlichkeiten noch durch Lösegeldzahlungen vermehrt wurden. Als infolge des abendländischen Schismas, das 1383 auch den Orden spaltete, die Gelder für Rhodos aus den auf Rom orientierten Prioraten ausblieben, wurde die Lage noch schwieriger.

Ohne dass sich die finanzielle Situation wesentlich gebessert hätte, sahen sich die Johanniter angesichts wachsender maritimer Bedrohung durch Mamluken und Osmanen bald zu neuen Ausgaben gezwungen. Ein ägyptischer Überfall auf Zypern führte 1426 zur Verwüstung des Ordensbesitzes bei Kolossi und zur Gefangennahme von König Janus, für den sich der Orden an der Zahlung des Lösegelds beteiligte. Meister Antoni Fluvià ließ schon 1428 gegenüber dem englischen König verlauten, der Schatz des Ordens sei völlig ausgeschöpft. Spätestens ab Juni 1429 wurde er für drei Jahre zum Verwalter von Konvent und Schatz eingesetzt, um der Notlage besser begegnen zu können. Ein wohl etwas überzogener Bericht an den Papst stellte dann auch im Jahre 1432 Einkünften von 46 550 Dukaten Ausgaben von 65 500 Dukaten gegenüber.

Der Notstand des Konvents blieb auch in der Folgezeit erhalten, sodass 1446 in Barcelona wie auf Rhodos selbst erhebliche Darlehen aufgenommen werden mussten. 1450 suchte man die Finanzen durch eine Reihe verzweifelter Geschäfte zu verbessern. So verpachtete man z. B. im Vorgriff auf spätere Jahre die Einnahmen aus dem auf Zypern gewonnenen Zucker. Im Juni 1451 übernahm deshalb wiederum der Meister, jetzt Jean de Lastic, die Verwaltung von Konvent und Schatz; und dies entwickelte sich – mit wenigen Unterbrechungen – zu einem Dauerzustand, der bis zum Ende der Ordensherrschaft auf Rhodos anhielt. Auch wenn die Kassen weiterhin getrennt blieben, ermöglichte dies eine «Querfinanzierung», bei der der Konvent teilweise erhebliche Schulden beim Meister hatte, aber die Verbindlichkeiten des Ordens insgesamt abgebaut werden konnten. So wurden zwischen 1467 und 1488 rund 300 000 Écus an Dritte zurückgezahlt. Zwar entwickelten sich die internen Forderungen insbesondere am Anfang des 16. Jahrhunderts dramatisch: Die Außenstände des Schatzes erreichten im Februar 1510 die Summe von fast 560 000 Écus. Dennoch blieben die Johanniter auch im 15. und 16. Jahrhundert in der Lage, ihren Stiftungsaufgaben nachzukommen.

## 8. Geistliches und adliges Selbstverständnis

Die Mitglieder geistlicher Ritterorden lebten grundsätzlich in einer Doppelexistenz, die schon Bernhard von Clairvaux mit seiner Schrift «Über das Lob der neuen Ritterschaft» zu vereinen gesucht hatte. Beim Eintritt in die Gemeinschaft gelobten sie Armut, Keuschheit und Gehorsam, leisteten also die mönchischen Gelübde, zugleich gingen sie daran, die Stiftungsaufgaben zu erfüllen, insbesondere die des «Heidenkampfes». Die ursprüngliche Verpflichtung, der Hospitaldienst und die Fürsorge für Pilger, Arme und Kranke, blieb bei den Johannitern darüber hinaus weiter bestehen. Im Verständnis der Zeit lagen diese Tätigkeitsfelder nicht so weit auseinander, wie man meinen könnte, denn auch die Teilnahme am Kreuzzug wurde als Akt der Nächstenliebe verstanden. Die Brüder galten daher unabhängig von ihrer Funktion im Orden als Geistliche, und die Ritterbrüder hatten gleichermaßen nach den ältesten Regelungen die sieben kanonischen Stundengebete einzuhalten. Sie sollten über den Tag verteilt insgesamt 150 Vaterunser beten, und die

Priesterbrüder «dem Grad ihrer Weihe entsprechend» Messen feiern (Stabilimenta Rhodiorum militum, S. 119). Das Leben im Orden glich dennoch weniger dem monastischer Gemeinschaften mit ihrem streng geregelten Tagesablauf, sondern eher der offeneren Lebensform der Weltkleriker in Stiften und Kapiteln.

Die meisten der Brüder, die bei den Johannitern aufgenommen wurden, dürften sich spätestens seit dem 13. Jahrhundert eher an den militärischen Aufgaben des Ordens orientiert haben. Die jüngeren Söhne aus dem niederen Adel, die das zentrale Reservoir für die Aufnahme von Ritterbrüdern bildeten, konnten von der Mitgliedschaft im Orden eine standesgemäße Versorgung und meist auch eine angemessene Stellung erhoffen, die zugleich dem eigenen und dem familiären Seelenheil diente. Es ist so kein Zufall, dass sich die Brüder in der Sicht der Späteren «von ihrer ersten Gründung an im Habit des Ordens dem Kriegsdienst gegen die treulosen Ungläubigen, die Feinde des Kreuzes Christi, Türken und Sarazenen» gewidmet hätten, wie dies Nikolaus V. im Mai 1451 formulierte. (Sarnowsky, Identität, S. 113)

Jede Aktivität im Dienste des Ordens wurde als Einsatz für die Verteidigung des Glaubens und der Christenheit verstanden. Das galt auch für die Priesterbrüder, die wie die Ritterbrüder zum Dienst nach Rhodos gerufen wurden und im 15. Jahrhundert ebenfalls auf den Schiffen des Ordens oder dem Kastell St. Peter eine *caravana* abzuleisten hatten. Die Konzentration auf das Militärische führte bei den Johannitern schließlich zu einer Vorherrschaft des Adels und einem deutlichen Standesbewusstsein der Ritterbrüder. Das ging so weit, dass sie sogar in Erfüllung ihrer vom Orden übertragenen Aufgaben meist persönliche, mit dem Wappen ihrer Familie versehene Siegel und keine Amtssiegel verwendeten. Die Verteidigung der Landesherrschaft wurde eng mit der Stiftungsaufgabe verbunden. «Die schwerste Last dieses unseres Ordens besteht in der Bewahrung und Verteidigung des katholischen Glaubens gegen die Feinde und [in der] Erhaltung der Stadt Rhodos, der Burgen, Städte, Inseln, Orte und christlichen Bewohner im Osten, [die] der Herrschaft des [...] Herrn [Meisters] und dem Orden unterworfen [sind].» (ebd., S. 125)

Dennoch geriet die Hospitaltradition der Johanniter nicht in Vergessenheit. Der Hospitalar blieb als Konventualbailli einer der sieben bzw. acht wichtigsten Amtsträger, auch wenn er nur die Aufsicht über die karitativen Aktivitäten des Ordens ausübte, und die Meister stilisierten sich weiterhin als «in Demut Meister und Beschützer der Armen Jesu Christi». (ebd., S. 121) Jeweils am Sitz des Konvents richtete man ein zentrales Hospital ein, das im Laufe der Zeit verbessert oder durch Neubauten ersetzt wurde. So sind in der Stadt Rhodos das zweite und das dritte Hospital des Ordens erhalten. Letzteres sollte durch seine Größe offenbar auch die Gäste der Johanniter beeindrucken und wurde trotz der finanziellen Probleme mithilfe einer Stiftung des Meisters Antoni Fluviá zwischen 1440 und 1489 errichtet. Die unter Fluviás Nachfolgern erlassenen Statuten über die Verwaltung schreiben unter anderem eine Pflege rund um die Uhr sowie tägliche Visiten vor. Auch die Vorräte an Arzneimitteln wurden regelmäßig überprüft und ergänzt, und am Hospital arbeiteten erfahrene Mediziner. Lange Zeit waren dies jüdische Ärzte, die – bis zu ihrer Vertreibung 1503 – gewisse Privilegien genossen.

Aber auch in vielen Präzeptoreien gab es Infirmarien oder Hospitäler, die Arme, Alte und Kranke betreuten. Gelegentlich unterhielt der Orden überdies Häuser für Leprakranke, so in Köln. Die Bauten weisen keinen eigenen Stil auf, sondern folgten lokalen Traditionen. Eine Besonderheit, die sich aber nicht auf die Johanniter beschränkte, waren mehrgeschossige Kirchen- und Hospitalbauten wie in Faenza, Torphichen in Schottland, Taufers in Tirol, Neckarelz oder dem 1298 gegründeten Niederweisel in Hessen. Diese erlaubten den Alten und Kranken, durch Öffnungen in Wand und Decke dem Gottesdienst zu folgen. Auch sonst wurden zur geistlichen Versorgung im Krankensaal Altäre oder kleine Kapellen eingerichtet. Die Johanniter selbst verfügten nur in Ausnahmefällen über medizinische Kenntnisse, beschäftigten aber teilweise eigene Ärzte oder Chirurgen. Größere Häuser wie das um 1408 gegründete Hospital in Toulouse, das 1446 schon fast 100 Betten hatte, waren selten.

Die Ausstattung der Kirchen, die Gestaltung der Gottesdienste und die geistliche Versorgung der Brüder dürften in den einzelnen Präzeptoreien und im Konvent sehr unterschiedlich gewesen sein. So gab es zuweilen eigene Kirchenbauten, während bei anderen Häusern Kapellen in die Anlage integriert waren. Die Zahl liturgischer Bücher war relativ gering; kleinere Präzeptoreien hatten manchmal nur ein Missale (Messbuch). Ausnahmen bildeten Toulouse und Mas Deu, wo es im späteren 14. Jahrhundert 28 bzw. 25 Bücher gab, darunter eine Bibel und Heiligenleben, die in Toulouse an Ketten im Chor der Kirche verwahrt wurden. Auch die Zahl von Statuten-Handschriften war nicht sehr groß. Die Ausstattung der Altäre mit Kerzen und Kirchengeräten hing oft von Stiftern ab. Eine wichtige Rolle spielten zudem die Reliquien und dafür gefertigte Reliquiare. Mit dem Fall Akkons ging 1291 offenbar ein größerer Bestand verloren, doch übernahm der Orden nach 1312 Reliquien der Templer. Eine besondere Bedeutung erlangte die im April 1484 vom osmanischen Sultan Bayezid II. als Geschenk übersandte rechte Hand Johannes des Täufers, der als Ordenspatron besondere Verehrung erfuhr.

Die Priesterbrüder stellten die zahlenmäßig größte Gruppe im Orden, waren aber schon seit etwa 1230 formal den Ritterbrüdern untergeordnet. Dazu kamen bisweilen noch Weltkleriker, die in den dem Orden übergebenen Pfarrkirchen Dienst taten und für die Seelsorge der abhängigen Bevölkerung zuständig waren. Zumindest an einigen Präzeptoreien gab es überdies größere Kollegien. Einen Sonderfall bildete das Kollegiatstift oder «Priorat» in Corbeil, in dem aufgrund einer Stiftung Ludwigs VIII. von Frankreich seit 1224 regelmäßig 13 Priesterbrüder wirken sollten.

Im Haupthaus formten die Priesterbrüder an der Konventskirche und den zahlreichen weiteren Kapellen eine eigenständige Gruppe, die sich – wie die Zungen – regelmäßig versammelte und über sie gemeinsam betreffende Fragen entschied. Dazu gehörte auch, im Fall einer Vakanz einen Kandidaten für das Amt des Konventspriors vorzuschlagen. Dieser war dem Rang nach der Zweite nach dem Meister und musste sich nicht vor den Generalkapiteln verantworten. Er nahm die Beichte der Priesterbrüder ab und war für sie innerhalb wie außerhalb des Konvents auch disziplinarisch zuständig. Seine Stellung ähnelte deshalb der eines Bischofs, selbst wenn er keine Priesterweihen vornehmen durfte, die Sache der jeweils zuständigen Bischöfe waren. Seit 1433 durfte er Mitra und Ring tragen.

Da die Johanniter in keinem ihrer Territorien die Besetzung der Bistümer kontrollierten, stiegen nur zwei Konventspriore zu Erzbischöfen von Rhodos auf: Nicolaus 1373 und Jean Morelli 1447, wobei Letzterer kurz nach der Wahl zum Erzbischof von Nicosia in dieses Amt transferiert wurde. Auch sonst lassen sich nur einzelne Priesterbrüder als Bischöfe nachweisen, so in Valenia, in der Herrschaft Margat im Heiligen Land, in Paphos auf Zypern und auf der dem Orden unterstehenden Insel Nisyros. Mit dem Weltklerus, den Erzbischöfen und Bischöfen, aber auch mit Äbten und anderen Prälaten gab es zahlreiche Konflikte, nicht zuletzt um die Zehntbefreiungen und andere Privilegien des Ordens. Dennoch stellte dies keine Besonderheit der Johanniter dar; vielmehr waren die Brüder fest in das mittelalterliche Ordenswesen integriert.

## 9. Gelehrte und Mäzene

Im Gegensatz zu den Bettelorden waren die Ritterorden keine Institutionen, bei denen Bildung im Zentrum stand. Unter den zahlreichen Priesterbrüdern fanden sich kaum Intellektuelle, und mindestens einige Ritterbrüder waren illiterat oder konnten bestenfalls lesen. Eine gewisse Ausnahme bildete das böhmische Priorat, wo der Orden im 14. Jahrhundert wenigstens zwölf Schulen unterhielt. Für das Jahr 1373 sind allein für Strakonice 35 Scholaren nachgewiesen und für Prag 27, die als Ministranten und für den Chorgesang ausgebildet wurden. Verbindungen zu den Universitäten waren die Ausnahme. So wurden den Johannitern in Toulouse Stiftungen dafür übertragen, arme Studenten der dortigen Universität zu versorgen. Sie kamen allerdings dieser Verpflichtung um 1360 nur unzureichend nach.

Schon kurz zuvor, 1356, hatte der Orden eine päpstliche Bulle erhalten, die ihm die Gründung eines Collège an der Universität Paris erlaubte, um Brüder dort Kirchenrecht studieren zu lassen.

Dies war angesichts der wachsenden Verrechtlichung, die sogar die Beziehungen der kirchlichen Institutionen untereinander betraf, zunehmend von Bedeutung. In der Folgezeit entwickelte sich das *hôpital ancien* in Paris zu einem informellen Ordensstudium, und eine Reihe von Brüdern erwarb juristische Grade. Daneben gab es immer wieder Einzelne, die entweder vor oder nach dem Eintritt in den Orden die Rechte studiert hatten. Ein prominentes Beispiel bildete Gautier le Gras, der 1389 Dekan der juristischen Fakultät in Paris war, dann zum Konventsprior aufstieg und 1417 als Elektor der französischen Nation auf dem Konstanzer Konzil an der Wahl Martins V. teilnahm.

In der Theologie und in den Geisteswissenschaften gab es einige Johanniter von Rang. Jean und Simon de Hesdin zum Beispiel, beide Magister der Theologie, lehrten um 1360 in Paris und waren mit Präzeptoreien im Pariser Umfeld versorgt. Jean schrieb Kommentare zum Buch Hiob und zum Markus-Evangelium, Simon übersetzte das antike moralphilosophische Werk des Valerius Maximus ins Französische und ergänzte es durch eigene Kommentare. Im späteren 14. Jahrhundert wirkte unter anderem Meister Juan Fernández de Heredia als Förderer von Literatur und Wissenschaft. Er sammelte eine beachtliche Bibliothek, ließ griechische Texte abschreiben und knüpfte insbesondere nach 1382 von Avignon aus Kontakte zu den frühen Humanisten in Florenz. Im 15. Jahrhundert war es Laudivio Zacchia, der mit Erlaubnis des Meisters vier Jahre in Bologna studierte, Türkisch und Griechisch sprach und als Dichter und Philosoph tätig war, unter anderem am Hof von Ferrara. In den Naturwissenschaften kompilierte Jean de Fransières, der später zum Prior von Aquitanien aufstieg, zur selben Zeit ein Werk über Falkenzucht.

Im 16. Jahrhundert taten sich Johanniter mit gelehrten Werken anderer Art hervor. Der in Vicenza geborene Antonio Pigafetta studierte zunächst Geografie und Astronomie und diente auf den Schiffen des Ordens, bevor er sich 1519 Magellan bei der ersten Weltumseglung anschloss. Nach seiner Rückkehr 1522 verfasste er darüber einen Bericht, der in Auszügen 1525 in Paris im Druck erschien und zahlreiche Beobachtungen zu Geografie, Tier- und Pflanzenwelt, Völkerkunde und Sprachen enthielt. Von besonderer Bedeutung war das Wirken Sabbas de Castiglione (gest. 1554). Als Präzeptor von Magione di Faenza in der Lombardei stieg er zu einem christlichen Humanisten und Gelehrten von Rang auf, der die antiken Klassiker und die Werke der italienischen Humanisten schätzte, aber christlichen Lehren den höchsten Stellenwert zuwies und beides – am Vorabend des Konzils von Trient – mit den Aufgaben des Johanniterordens zu verbinden suchte.

Eigene Beiträge leisteten die Johanniter zudem im Bereich der Geschichtsschreibung. Die Anfänge des Ordens und die Abfolge der Meister stießen schon früh auf Interesse. Die im Kontext der *Miracula* erhaltenen Meisterlisten bieten teilweise nicht nur die Namen, sondern auch kurze biografische, oft stereotyp die Leistungen lobende Notizen. Um 1300 trat dann mit Guillaume de Saint-Estène bzw. Guglielmo di Santo Stefano, dem späteren Präzeptor von Zypern, ein gelehrter Historiograf auf, der aufgrund von Statuten und Urkunden eine eigene Darstellung der Anfänge des Ordens vorlegte, die er – historisch korrekt – in die Zeit der sarazenischen Herrschaft über Jerusalem einordnete und mit einer Gründung italienischer Kaufleute verband. Im 15. Jahrhundert trug vor allem der Vizekanzler Guillaume Caoursin zur Verbreitung der Erfolge des Ordens bei. Sein Bericht über die Belagerung der Stadt Rhodos von 1480 wurde noch im selben Jahr mehrfach gedruckt und schließlich auch ins Italienische, Englische und Deutsche übersetzt.

Als Bauherren wurden die Johanniter zu Patronen von Architekten, Handwerkern und Künstlern. Sowohl im Heiligen Land als auch auf Rhodos und Malta war die Ausbreitung ihres Besitzes mit einem intensiven Bauprogramm verbunden, das bis heute nachwirkt. Auf Rhodos gilt das – trotz der «Nachbesserungen» der italienischen Kolonialzeit (1912–1947) – etwa für die Ritterstraße mit ihren Herbergen, auf Malta für Birgu und die Festungsstadt Valletta. Gerade die Kirchen des Ordens erhielten eine reiche Ausstattung, unter anderem durch die Meister Élion de Villeneuve, Pierre d'Aubusson und Émery d'Amboise. Letzterer ließ auch einen Wandteppich fertigen, der die Belagerung von 1480 darstellte. Unter Fabrizio del Carretto erhielt 1519

4 Guillaume Caoursin übergibt sein Werk Meister Pierre d'Aubusson, Darstellung aus den Historiae, Ulm 1496. (Herzog August Bibliothek Wolfenbüttel)

der flämische Meister Jan van Scourel den Auftrag, einen Plan der Stadt Rhodos zu zeichnen; und aus seinem Umkreis ist ein Tryptichon erhalten, das später nach Malta überführt wurde. Dort wirkten vom 16. bis 18. Jahrhundert Künstler wie Caravaggio (1573–1610), Mattia Preti (1613–1699) und Antoine de Favray (1716–1798).

Aber auch in den Ordenshäusern im Westen und im Auftrag einzelner Brüder waren bedeutende Künstler tätig. So schuf Geertgen tot Sint Jans, der sich als «Knecht und Maler» der Johanniter in Haarlem bezeichnete, für die dortigen Brüder eine Reihe von Bildern. Dazu gehörte eine 1484 entstandene Altartafel, welche die Verbrennung der Gebeine Johannes' des Täufers durch Julian Apostata und ihre partielle Errettung durch die Johanniter darstellte. Für den Dom zu Siena gestaltete Pinturicchio ein Porträt des Johanniters Niccolò Arringhieri im religiösen Habit mit der Stadt Rhodos im Hintergrund. Melchiore Bandini wiederum gab den Auftrag für verschiedene Kunstwerke in seiner Heimatstadt Camerino, wo ein Altarbild sein Porträt überliefert.

# III. Der Weg in die Moderne

## 1. Die Eroberung des Dodekanes

Im Jahr 1305 unternahm der Johanniter Sancho de Aragón den vergeblichen Versuch, im Namen seines Halbbruders, König Friedrichs II. von Sizilien, einige byzantinische Inseln zu erobern. Schon 1299 hatte Papst Bonifaz VIII. geplant, Friedrich die Insel Rhodos als Lehen zu übertragen. Rhodos spielte auch in anderen Plänen eine Rolle. Das Interesse der europäischen Mächte resultierte aus der Schwäche des Byzantinischen Reiches. Während der Herrschaft von Kaiser Andronikos II. (1282–1328) konnten sich die Osmanen im alten byzantinischen Kernland um Nikaia etablieren, gleichzeitig entstanden im Südwesten Kleinasiens die Emirate Mentesche und Aydin. Auch Genua profitierte von der Situation und eroberte 1304 die Insel Chios. Rhodos bot mit rund 80 km Länge und 40 km Breite eine sichere Basis, nicht zuletzt durch den guten Hafen der Stadt Rhodos.

Zu Anfang des 14. Jahrhunderts war Rhodos umstritten. Sowohl Venezianer als auch Genuesen und die türkischen Emirate erhoben Ansprüche auf die den Byzantinern gehörende Insel. In dieser komplexen Situation forderte der Genuese Vignolo de' Vignoli – angeblich aufgrund einer Verleihung durch Andronikos II. – die Insel Kos und das nördlich davon gelegene Leros sowie das Gut (*casale*) Lardos auf Rhodos. Hier setzte schließlich Johanniter-Meister Foulques de Villaret an, der seinem Orden eine eigenständigere Stellung verschaffen wollte. Im Mai 1306 traf er sich mit Vignolo bei Limassol auf Zypern zu einem geheimen Treffen. Das Ergebnis war eine notariell bestätigte Übereinkunft, nach der Vignolo seine Rechte an Kos und Leros auf die Johanniter übertrug, während er im Gegenzug ein weiteres *casale* auf Rhodos, ein Drittel der Einkünfte auf den kleinen Inseln und rechtliche Kompetenzen für alle Inseln außer Rhodos erhalten sollte.

Die Umsetzung dieser Pläne erwies sich als schwieriger als gedacht. Schon einen Monat später segelten die Johanniter mit zwei Galeeren, vier kleineren Schiffen, 35 Brüdern, einigen Reitern und 500 Fußsoldaten von Limassol los, doch der zu Land und zur See unternommene Angriff auf die Stadt Rhodos schlug fehl, mit der Folge, dass eine langwierige Belagerung begann. Im November 1306 konnten sich die Brüder in der Burg Phileremos in den Bergen unweit der Stadt festsetzen. Als Andronikos II. Anfang 1307 acht Galeeren nach Rhodos entsandte, kam es zu Kämpfen, bei denen zehn Brüder den Tod fanden. Nach kurzzeitiger Unterbrechung wurde die Belagerung aber wieder aufgenommen. Im Oktober 1307 war Lindos im Südosten bereits in der Hand des Ordens, doch ließ der Kaiser zur selben Zeit 20 griechische Schiffe vor der Stadt Rhodos zusammenziehen. Mitte des Jahres 1308 brachte schließlich ein für die Johanniter glücklicher Zwischenfall die Wendung. Ein genuesisches Schiff, das Versorgung für die Truppen von Andronikos brachte, strandete bei Famagusta auf Zypern und wurde dem Orden übergeben. Der aus Rhodos stammende Kapitän, der um sein Leben fürchtete, vermittelte daraufhin die Übergabe der Stadt an die Brüder.

Damit war jedoch die Insel noch nicht vollständig erobert. Foulques de Villaret hatte sich während des gesamten Unternehmens um Unterstützung aus dem Westen bemüht. Im September 1307 erhielt er von Papst Clemens V. zunächst die Bestätigung für die Eroberung. Foulques hatte den Papst davon unterrichtet, er wolle «die Insel Rhodos, die unter das Joch der Ungläubigkeit der schismatischen Griechen gedrückt ist, mit Gottes Beistand unter großer Mühsal, großem Aufwand und Kosten […] erwerben und dort die Schismatiker wie überhaupt alle Ungläubigen […] vertreiben». (Der Johanniter-Orden, hrsg. Wienand, S. 594) Damit hatte er das Unternehmen zum Feldzug gegen orthodoxe Christen und Türken erklärt. Angesichts der immer noch schwierigen Lage auf Rhodos griff Foulques de Villaret schließlich auf den zuvor auf Anfrage des Papstes entwikkelten Kreuzzugsplan zurück. Die Eroberung von Rhodos verband er mit dem Schutz Armeniens und Zyperns, einem Angriff auf Byzanz sowie der Rückgewinnung von Antiochia und Jerusalem. Jakob II. von Aragón stand dem Unternehmen kritisch gegenüber, doch ging Clemens V., der sich an den Kosten beteiligte, noch im November 1309 davon aus, dass ein großer Kreuzzug, ein *passagium generale*, folgen würde. Tatsächlich gelang unter der Leitung Villarets und des päpstlichen Legaten, des Bischofs von Rodez, zumindest ein *passagium particulare*. Im Frühjahr 1310 brachen rund 26 Galeeren mit 200–300 Rittern und 3000 Fußsoldaten von Brindisi aus in die Ägäis auf, auch mit genuesischer Beteiligung. Spätestens zu diesem Zeitpunkt wurde die Eroberung von Rhodos vollendet, wenn diese nicht schon zuvor abgeschlossen war. Trotz der Ankündigungen Villarets unterblieben jedoch weitere Unternehmungen, vielleicht auch wegen der zur selben Zeit einsetzenden Thronwirren auf Zypern.

Villaret hatte für die Johanniter immerhin eine Basis erobert, auch wenn sein Vorgehen den Orden in die Kritik brachte. Aber die Lage auf Rhodos war mit dem *passagium* von 1310 noch nicht vollständig gesichert. Eine erste ernsthafte Bedrohung ergab sich aus einem Zwischenfall mit einer genuesischen Galeere, auf der entgegen päpstlicher Verbote kriegswichtiges Material nach Ägypten ausgeführt werden sollte. Als die Johanniter das Schiff und seine Ladung konfiszierten, aber die Rückgabe verweigerten, boten die Genuesen dem Emir von Mentesche, der auf dem Festland gegenüber von Rhodos herrschte, 50 000 Florenen für die Vertreibung des Ordens von der Insel. Kaufleute aus Rhodos wurden festgesetzt, und Genuesen wie Türken gingen gegen die Schiffe der Johanniter vor. Entlastung brachten 1312 der Erfolg gegen eine türkische Flotte von 23 Schiffen sowie die zeitweilige Eroberung der Insel Kos. Als der Orden im Mai 1313 weitere Schiffe der Genuesen arrestieren konnte, kam es offenbar zum Ausgleich und zum Ende der Konflikte.

Die Beziehungen zu Venedig blieben dagegen lange Zeit gespannt. Die Venezianer hatten schon das *passagium* Villarets mit Misstrauen betrachtet und – nicht zu Unrecht – die Vertreibung von ihrem Stützpunkt auf Kos befürchtet. Die Beziehungen verschlechterten sich noch, als die Johanniter Karpathos und andere Inseln südwestlich von Rhodos von den Venezianern eroberten. In der Folge beschlagnahmte Venedig 1312 und 1314 Güter des Ordens, die durch die Lagunenstadt transportiert worden waren, sodass die Inseln schließlich 1316 zurückgegeben werden mussten. Aber auch danach rissen die Zwischenfälle nicht ab. Selbst im 15. Jahrhundert sollten die Beziehungen gespannt bleiben, bis hin zur zweimaligen Landung venezianischer Truppen auf Rhodos in den Jahren 1460 und 1465.

Ungeachtet dieser Probleme gelang den Johannitern schließlich noch die Absicherung gegenüber ihren muslimischen Gegnern. 1318 wurde ein erster Sieg erreicht, und im Juli 1319 führte der Großpräzeptor Albrecht von Schwarzburg, unterstützt vom genuesischen Herrn von Chios, Martino Zaccaria, 24 Schiffe mit 80 Brüdern zu einem Erfolg gegen eine türkische Flotte vor Chios. Im Anschluss konnte Leros, wo sich die Griechen gegen die Herrschaft des Ordens erhoben hatten, zurückgewonnen werden. Als sich 1320 eine Flotte von 80 Schiffen mit größeren Kontingenten sammelte, die Rhodos angreifen sollte, stellte sich Schwarzburg mit vier Ordensgaleeren, 20 kleineren Schiffen und sechs genuesischen Galeeren diesen entgegen und konnte sich eindrucksvoll durchsetzen. Auch die Tatsache, dass der Präzeptor von Armenien zur selben Zeit mit Ordenskontingenten zur Absicherung des armenischen Königreichs im Südwesten der modernen Türkei beitrug, verringerte die Bedrohung für Rhodos weiter. Trotz mancher Befürchtungen blieben nun für längere Zeit die Angriffe auf die Insel aus; die Johanniter hatten einen sicheren Stützpunkt und die Landesherrschaft über die Inseln des Dodekanes gewonnen.

## 2. Die Übernahme des Templerbesitzes

Die Stellung der Johanniter im 14. und 15. Jahrhundert wurde aber nicht nur durch die Eroberung von Rhodos verbessert, sondern auch die Übernahme des Templerbesitzes spielte eine wesentliche Rolle. Die Templer, der älteste geistliche Ritterorden, waren nach dem gewaltsamen Vorgehen König Philipps IV.

von Frankreich im Oktober 1307 und nach schweren Vorwürfen im Templerprozess von Papst Clemens V. im März 1312 auf dem Konzil von Vienne für aufgelöst erklärt wurden. Am 2. Mai 1312 erließ Clemens die Bulle *Ad providam*, mit der er den Ordensbesitz mit Ausnahme der Häuser auf der Iberischen Halbinsel an die Johanniter übertrug.

Die Umsetzung dieser Übertragung stieß vielfach auf Probleme, zumal die europäischen Herrscher, allen voran Jakob II. von Aragón, negative Folgen durch den potenziellen Machtzuwachs des Ordens befürchteten. Eine gewisse Ausnahme bildete Zypern, wo die Johanniter den zeitweilig vertriebenen König Heinrich II. unterstützt hatten. Die umfangreichen Besitzungen der Templer wurden hier unmittelbar 1312 an den Orden übergeben und trugen zur Stabilisierung seiner Stellung im östlichen Mittelmeer bei. In Frankreich dagegen stimmte Philipp IV. zwar im August 1312 der Übergabe zu, verband dies aber mit der Forderung nach Reformen im Orden und nach immensen Entschädigungszahlungen für seine Ausgaben während des Templerprozesses. Obwohl die Reform ausblieb und auch über die tatsächlich gezahlten Summen Unklarheit besteht, ging hier am Ende tatsächlich ein großer Teil der Templerbesitzungen an den Orden über und machte die Einrichtung der neuen Priorate Toulouse, Aquitanien und Champagne erforderlich. Eine abschließende Regelung der beiderseitigen Ansprüche gelang allerdings erst 1318.

Vergleichbar war die Situation in Katalonien, das ebenfalls als eigenes Priorat organisiert wurde. Allerdings wurden die Templer-Besitzungen im Süden von Aragón, im Königreich Valencia, mit denen der Johanniter zusammengefasst, um hier den neuen geistlichen Ritterorden von Montesa zu gründen, der 1317 durch Papst Johannes XXII. Bestätigung fand. Aus dem portugiesischen Zweig der Templer entstand kurz danach der Christusorden mit Sitz im von König Dinis gestifteten Castro Marim. In Kastilien wurden die Templergüter weitgehend aufgeteilt und in einigen Fällen regionalen Gemeinschaften übergeben. Auch sonst war die Besitzübergabe mit vielen Problemen und Verlusten verbunden und zog sich lange hin. In England bestanden noch 1338 nicht übergebene Templergüter, in Kastilien waren die Streitigkeiten selbst 1361 noch nicht beendet. In Deutschland wie in England wurden einige der Ländereien von den Erben der Stifter eingezogen, wohl meist, um sie wieder anderen geistlichen Institutionen zu übertragen; einzelne Fürsten und Herren beanspruchten den Besitz auch, um ihn an Günstlinge zu vergeben. Die Aufwendungen der Johanniter waren so groß, dass der Orden bei italienischen Banken erhebliche Schulden aufnehmen musste, und auf einigen der übernommenen Besitzungen lagen finanzielle Lasten, die die gesamten Verbindlichkeiten des Ordens weiter wachsen ließen.

Aus der Übergabe des Templerbesitzes ergab sich letztlich auch eine besondere Entwicklung im nördlichen Mitteleuropa. Zu den ältesten Besitzungen der Johanniter gehörten hier die auf eine Stiftung Markgraf Albrechts des Bären zurückgehende Präzeptorei in Werben in der Altmark (1160) sowie das Ordenshaus in Posen. Dazu kamen Schenkungen und Ordenshäuser in Mecklenburg, Pommern, Pommerellen und Schlesien. Die Templer hatten ihrerseits umfangreiche Güter um Braunschweig (und in Süpplingenburg), in der Mark Brandenburg, insbesondere in der Neumark, und in Pommern erworben. Während die pommerschen Besitzungen wohl relativ rasch an die Johanniter übergeben wurden, war die Situation in Brandenburg komplizierter. Markgraf Waldemar forderte für die Übergabe des Templerbesitzes eine Entschädigung von 1250 Mark Silber. Im Januar 1318 kam es schließlich im Vertrag von Kremmen zu einer Einigung, nach der Waldemar die Burg Lagow und die Stadt Zielenzig bis zur Zahlung dieser Summe behalten durfte. Daher gingen sie endgültig erst 1350 in den Besitz der Johanniter über. Die Übergabe von Supplingenburg erfolgte noch später, im Jahre 1357.

Foulques de Villaret hatte zunächst Albrecht von Schwarzburg als Großpräzeptor für den Westen an die Kurie entsandt, um die Übernahme des Templerbesitzes zu organisieren. Ihm folgte der Italiener Leonardo de Tibertis als Generalvisitator für den Westen. Beide traten in den Prioraten durch Stellvertreter in Erscheinung, die von ihnen oder unmittelbar vom Konvent ernannt wurden. So wurde der Vertrag von Kremmen im Namen des Ordens durch den Italiener Paolo da Modena geschlossen, der im Text als Präzeptor von Erfurt und Vertreter Leonardo de Tibertis, des Generalvisitators, erscheint. Bald darauf, wohl 1319, erhielt Paolo die Berufung zum Vizeprior oder Generalpräzeptor für die Häuser in Sachsen, der Mark Brandenburg, Thüringen und der *Slavia*, ein Amt, das er bis 1323/24 innehatte. Damit reagierten die Johanniter in zweifacher Hinsicht auf die neu entstandene Situation. Die umfangreichen neuen Besitzungen mussten in die Verwaltung des Ordens integriert, zugleich sollten ihre Erträge zur Tilgung der gewachsenen Schulden herangezogen werden. Nicht zufällig hat sich aus der Amtszeit Paolos eine Liste mit den – deutlich zu hoch angesetzten – jährlich zu zahlenden Responsionen von 20 Ordenshäusern erhalten. Sie nennt unter anderem die Präzeptoreien in Quartschen, Tempelburg, Weißensee, Nemerow, Gartow, Letzen, Erfurt, Braunschweig und Werben.

Das Wirken Paolos stieß allerdings auf Widerstand, und eine Gruppe von Präzeptoren forderte Anfang 1323, ihn abzulösen und durch Albrecht von Schwarzburg zu ersetzen, der aber inzwischen zum Prior der *Alamania* und Visitator für Böhmen und Skandinavien berufen worden war. Albrecht reagierte insofern, als er seinerseits den Präzeptor von Braunschweig, Gebhard von Bortfeld, zu seinem Stellvertreter für Sachsen, Thüringen und die Mark Brandenburg ernannte. Gebhard blieb auch nach Albrechts Tod (1327) im Amt und erscheint in den Quellen danach als Generalpräzeptor für Sachsen, die Mark Brandenburg und die Slavia. Damit hatte sich eine regionale Gruppe verfestigt, für die sich seit einer Versammlung in Nemerow 1335 auch Provinzialkapitel nachweisen lassen.

Der Ausbruch des großen abendländischen Schismas 1378 erlaubte es den Brüdern in diesem Raum, die von ihnen erreichte relative Autonomie auch vertraglich festschreiben zu lassen. Im Juni 1382 schlossen der deutsche Prior Konrad von Braunsberg und der Leiter der Ordenshäuser der Region, Bernd von der Schulenburg, als «Balleier in der Mark Brandenburg», den Vertrag von Heimbach. Schulenburgs Nachfolger wurden künftig eigenständig durch die Präzeptoren der untergeordneten Ordenshäuser gewählt; sie bedurften aber weiterhin der Bestätigung durch den deutschen Prior und blieben diesem zu Gehorsam, zu jährlichen Zahlungen von 324 Florenen und zum Besuch der Provinzialkapitel des deutschen Priorats verpflichtet. Diese Vereinbarung wurde im März 1383 auch durch das Generalkapitel der Johanniter in Valence bestätigt.

Dies war nicht so ungewöhnlich, wie es zunächst scheinen mag. Unterhalb der Prioratsebene hatten sich die Johanniter auch sonst – wohl nach dem Vorbild des Deutschen Ordens – in Balleien organisiert. Den Heimbacher Vertrag bestätigten so unter anderem die Balleier von Westfalen, Oberdeutschland, der Wetterau, Kölns und Thüringens. Als man infolge von Konflikten mit der Ballei Brandenburg nach 1455 im Konvent auf Rhodos zeitweilig eigene Balleier ernannte, zeigte sich zudem eine interessante Parallele zu vielen anderen Prioraten, in denen es, in der Hierarchie unmittelbar hinter dem Prior, zumindest einen Kapitularbailli mit einem eigenen Amtsbezirk gab. In Katalonien war dies der Kapitularbailli von Mallorca, in St. Gilles der von Manosque; der Balleier von Brandenburg galt nun entsprechend als Kapitularbailli des deutschen Priorats. Daher war die Ballei auch keine selbständige Institution, sondern blieb der weitgehenden Kontrolle durch das deutsche Priorat unterworfen. Der Prior behielt sein Visitationsrecht und konnte bis zu vier Brüder in Präzeptoreien der Ballei einsetzen. Allerdings war eine neue Unterprovinz entstanden, die ein erhebliches regionales Selbstbewusstsein entwickeln sollte.

## 3. Die Etablierung auf Rhodos

Noch während sich im lateinischen Westen der mühevolle Übergang des Templerbesitzes auf die Johanniter vollzog, begann der Orden auf Rhodos mit dem Aufbau seiner Landesherrschaft. So wurden bald der Konvent und das zentrale Hospital in die Stadt Rhodos verlegt, deren Mauern aufgrund der friedlichen Übergabe intakt geblieben waren. Im alten Stadtkern reservierten sich die Brüder einen Bezirk von 380 mal 200 bis

5 Gigliato (Groschenmünze) des Meisters Raymond Berenger, der mit seinem Familienwappen vor einem Patriarchenkreuz kniet.

250 Metern, das *collachium*, das sie mit einer eigenen Mauer umgaben. Zwar wurden dafür nach 1309 einige der Griechen umgesiedelt, doch stand das *collachium* mindestens tagsüber allen offen, auch Besuchern des Ordens. Den Brüdern war es allerdings nicht erlaubt, die Nacht außerhalb dieses Bereichs zu verbringen. Hier entstanden die Konventskirche und – an der Stelle der byzantinischen Akropolis – der Palast des Meisters, und auch der Schatz, das Arsenal und die Münze waren hier angesiedelt. Als sich die Zungen nach 1356 zunehmend in ihren Herbergen organisierten, entstanden dafür entlang der heutigen «Ritterstraße» eigene Bauten. Vergleichbare, aber kleinere Bezirke der Brüder gab es auch auf den Festungen Narangia (Kos) und St. Peter.

Die ersten beiden Generalkapitel auf Rhodos im April 1311 und im November 1314 diskutierten unter anderem Maßnahmen zur besseren Verteidigung der Insel und der anderen Besitzungen des Ordens in der Ägäis. Aufgrund der langen kriegerischen Auseinandersetzungen lebten auf Rhodos um 1309 nur etwa 10 000 Griechen. Da die Genuesen und andere westliche Kaufleute lediglich eine geringe Verstärkung für die Stadt Rhodos brachten, suchten die Johanniter Militärsiedler anzuwerben. Eine im Mai 1313 zur Verbreitung im lateinischen Westen erlassene Urkunde Villarets warb mit der Fruchtbarkeit der Inseln und versprach jenen, die sich mit ihren Familien niederlassen würden, im Gegenzug für die Verpflichtung zum Militärdienst erbliche Lehen. Parallel dazu versuchte man, Freie und

Arbeiter für die Übersiedlung nach Rhodos zu gewinnen, ebenso Schiffsführer, die über eigene Schiffe und Mannschaften verfügten. In einigen Fällen war der Orden mit seiner Kampagne erfolgreich, so 1316, als sich die aus Ischia stammende Familie der Assanti auf Nisyros niederließ und dafür zusagte, eine bewaffnete Galeere zu unterhalten. Daneben kam es aber kaum zur Verleihung von Land, durch die die Kontingente des Ordens verstärkt worden wären. Die meisten Vergaben nicht bebauter Ländereien erfolgten vielmehr in *emphyteusis* (Erbpacht) gegen die Zahlung von Grundzinsen. Der 1311 bzw. 1314 gefasste Beschluss, auf Rhodos 500 Reiter und 1000 Fußsoldaten zu unterhalten, erwies sich so als zu ehrgeizig. Vielmehr blieb man bis zum Ende der Ordensherrschaft auf Rhodos auf die Anwerbung von Söldnern angewiesen.

Die Johanniter mussten also um ein gutes Verhältnis zu ihren griechischen Untertanen bemüht sein. So erklärt sich wohl die relativ rasche Einigung über die Wahrung der Strukturen der griechischen Kirche, die vermutlich schon 1309 vertraglich erfolgte, ebenso wie die weitgehende Anknüpfung an byzantinische Rechtsverhältnisse. Dies schloss die Übernahme der – dann 1462 abgeschafften – *servitudo marina* und der Hafenabgaben ein. Wie die erhaltenen Urkunden des Ordens über Verleihungen von Grund und Boden deutlich machen, wurden dabei Griechen nicht benachteiligt oder in ihren Rechten eingeschränkt. Vielmehr war der Anteil der Landvergaben an Griechen relativ hoch, und in den Urkunden für lateinische Siedler ist immer wieder griechischer Grundbesitz in der Nachbarschaft belegt.

Bald nach der Übersiedlung der Ordensleitung führte allerdings die Politik des Meisters Foulques de Villaret zu wachsenden Problemen. Angesichts der Spannungen mit Genuesen und Venezianern lehnte er sich verstärkt an Jakob II. von Aragón an, obwohl dieser bestrebt war, möglichst große Teile des Templer- und auch Johanniterbesitzes in seinem Königreich unter seine Kontrolle zu bringen. Nicht zuletzt deshalb kam Villaret den päpstlichen Aufforderungen, gegen die katalanische Kompanie in Griechenland vorzugehen, nicht nach; auch zu neuen Kreuzzugsplänen nahm er nicht Stellung. Bei alledem kümmerte er sich nur wenig um die zahlreichen Probleme der Häuser im Westen, sondern konzentrierte sich auf den Ausbau der eigenen Machtstellung. Sein wachsender Despotismus und zunehmende Korruption ließen die Stimmung im Konvent eskalieren. Nach einem Anschlag auf ihn (1317) konnte er zwar fliehen, wurde danach aber von den aufständischen Brüdern auf der Burg Lindos belagert.

Als seine Gegner den Drapier Maurice de Pagnac zum Meister wählten, wurde Papst Johannes XXII. eingeschaltet, um eine Entscheidung herbeizuführen. Foulques war in Europa zu gut angesehen, um abgesetzt zu werden. So verfügte der Papst zunächst Anfang 1319 seine Wiedereinsetzung, legte ihm aber angesichts der Vorkommnisse im Konvent seinen Rücktritt nahe. Während Villaret – allerdings nur zeitweilig, später lebte er als einfacher Bruder – ein italienisches Priorat zur Versorgung erhielt, bestimmte Johannes XXII. im Juni 1319 eigenständig Élion de Villeneuve zum neuen Meister. Dies verstärkte den päpstlichen Einfluss im Orden, zumal die Päpste ab Johannes XXII. immer wieder mit dem Entzug der Templergüter drohten, wenn die Johanniter nicht ihren Vorstellungen folgten.

Im Gegensatz zu Villaret konzentrierte sich Villeneuve zunächst auf die Häuser im Westen und bemühte sich mit päpstlicher Hilfe erfolgreich, den Einfluss der weltlichen Herrscher auf die Ordensgüter zurückzudrängen. Zudem setzte er die regelmäßige Zahlung der Responsionen sowie die periodische Entsendung von Ordensbrüdern für den Dienst in der Levante durch. Ein wichtiger Schritt dazu war das Generalkapitel in Montpellier 1330, das unter anderem, noch ohne feste Zuordnung, auch die Verteilung der Ämter auf die Zungen beschloss. Als er 1332 nach Rhodos zurückkehrte, waren die Templergüter fest in den Orden integriert und die Schulden weitgehend abgebaut. Vier weitere Generalkapitel auf Rhodos (1332, 1335, 1340 und 1344) sollten die Einhaltung der Statuten einschärfen und trugen zur besseren Kontrolle der Häuser im Westen bei. Auch die Stellung des Ordens auf dem Dodekanes konnte endgültig gesichert werden. So begann Villeneuve mit dem Ausbau der Befestigungen von Rhodos zur Landseite, den nach seinem Tod 1346 sein Nachfolger Déodat de Gozon auf der Seeseite fortsetzte. 1337 wurde zudem die nach einer Rebellion verlorengegangene Insel Kos zurückerobert. Erfolgreich verlief auch die wirtschaftliche Nutzung der Erträge von den Ordensbesitzungen. Die verbesserte ökonomische Situation erlaubte es den Johannitern, sich nunmehr stärker in den Kreuzzugsplanungen der Zeit zu engagieren.

## 4. Die Kreuzzüge des 14. Jahrhunderts

Als sich nach der Rückkehr Élion de Villeneuves nach Rhodos immer dringender die Frage nach einem koordinierten Vorgehen gegen die türkischen Flotten stellte, die unter der Führung Umurs von Aydin 1332 Euböa und Gallipoli angriffen, war der Orden daran beteiligt. Im März 1334 fanden sich Venedig, die Griechen, der Papst, die Könige von Frankreich und Zypern sowie die Johanniter dazu bereit, eine Flotte zu stellen, für die der Orden zehn Schiffe ausrüsten sollte. Tatsächlich kam es im Herbst 1334 zu erfolgreichen militärischen Operationen in der Ägäis, doch blieb das Unternehmen ohne konkrete Ergebnisse. Neue Impulse kamen erst wieder von dem 1342 gewählten Papst Clemens VI., der im Frühjahr 1344 gegen Umur von Aydin eine von Venedig, Genua, Zypern und dem Orden unterstützte Flotte unter der Leitung des päpstlichen Legaten Enrico de Asti mobilisierte. Nach einem kleineren Sieg vor Euböa nutzten die christlichen Kontingente am 28. Oktober 1344 die Abwesenheit Umurs zur Eroberung von Stadt und Hafenburg Smyrna (Izmir) an der kleinasiatischen Küste.

Der im Westen euphorisch gefeierte Erfolg war allerdings sehr begrenzt, da es nicht gelang, die obere Burg, die alte Akropolis, in christliche Hand zu bringen. Überdies erlitten die Kreuzfahrer schon im Januar 1345 eine schwere Niederlage zu Land, bei der der päpstliche Legat und der Befehlshaber der Venezianer ums Leben kamen. Die christlichen Aktivitäten konzentrierten sich in der Folge auf die Verteidigung Smyrnas, für die unter anderem die Johanniter Maschinen und Materialien zur Verfügung stellten. Die Hoffnung auf einen neuen Kreuzzug, der unter der Leitung Humberts II. von Vienne von Smyrna aus operieren sollte, zerschlug sich allerdings. Humbert musste sich im September 1346 mit seinen durch Krankheit und Hunger stark dezimierten Kontingenten von Smyrna nach Rhodos zurückziehen und gab 1347 endgültig auf. Hinzu kam, dass die Johanniter im selben Jahr durch den Zusammenbruch des Bankhauses der Bardi und Peruzzi in Florenz ihre Rücklagen verloren und der Ausbruch der Pest 1347/48 den regelmäßigen Nachschub an Brüdern verhinderte. Aus diesem Grund bemühte man sich zusammen mit den anderen beteiligten Mächten um Verhandlungen mit Umur von Aydin, an denen auch ein Ordensbruder teilnahm. Diese scheiterten zwar, doch starb Umur bei einem Angriff auf Smyrna im Frühjahr 1348. Auch nach dem daraufhin vereinbarten Waffenstillstand, den die christliche Seite nicht ratifizierte, blieb die Lage um Smyrna indes in einem prekären Gleichgewicht.

Während eine Erneuerung der Liga von 1344 an Konflikten zwischen Genua und Venedig scheiterte, entwickelte sich Smyrna zu einer päpstlich regierten Stadt, die zumeist durch einen Kapitän, einen Vikar und den seit 1345 belegten Erzbischof verwaltet wurde. Als Innozenz VI. Ende 1353 erneut die Hilfe Venedigs, Zyperns und der Johanniter einforderte, Letztere jedoch nicht reagierten, empörte sich der Papst über die Untätigkeit des Ordens auf Rhodos und drohte im Oktober 1355 mit dem Entzug der Templergüter bzw. mit der Verlegung des Konvents auf das Festland. Vor diesem Hintergrund kam es im März 1357 tatsächlich zu einer neuen Liga aus Zypern, Venedig und den Johannitern. Allerdings wurden die vor Smyrna eingetroffenen Galeeren nicht nach einem sinnvollen Plan eingesetzt, sodass das Unternehmen wieder einmal ohne Ergebnis blieb.

Innozenz setzte deshalb zunächst offenbar auf einen Plan, nach dem in Smyrna eine abhängige Herrschaft nach dem Vorbild der genuesischen Besitzungen in der Ägäis etabliert werden sollte. Im Frühjahr 1359 wurde der aus Florenz stammende Johanniter Niccolò Benedetti auf acht Jahre zum Kapitän von Smyrna berufen. Er erhielt weitgehende Zugeständnisse, die vor allem seiner Familie und deren Nachkommen zugute kommen sollten. So durfte er von den Türken eroberte Burgen, Orte oder Ländereien auf Lebenszeit in eigener Verwaltung behalten und sie danach seiner Familie übergeben. Gleichzeitig wurde mit Pierre Thomas ein päpstlicher Legat berufen, der einen neuen Kreuzzug predigen sollte. Das alles brachte für Smyrna allerdings keine wesentlichen Fortschritte. Vielmehr geriet Benedetti in Konflikt mit seinem Orden und wurde inhaftiert, während der Papst im Mai 1363 mit dem Genuesen Pietro Raccanelli einen neuen Kapitän berief.

Um 1360 geriet Smyrna freilich zunächst aus dem Fokus des öffentlichen Interesses, und die Liga löste sich auf. Treibende Kraft für neue Kreuzzugsunternehmen wurde der neue Herrscher von Zypern, Peter I., zusammen mit seinem Kanzler Philippe de Mézières und dem Legaten Pierre Thomas. Im August 1361 eroberte Peter, unterstützt von vier Galeeren der Johanniter, die Stadt Adalia an der südlichen kleinasiatischen Küste, und von 1362 an war der Orden an den Kreuzzugsplanungen des Königs beteiligt. Als der Herrscher im Spätsommer 1365 eine Flotte von 150 Schiffen vor Rhodos sammelte, befanden sich darunter auch vier Galeeren und einige Transportschiffe der Johanniter, an Bord hundert Brüder unter dem Befehl von Admiral Ferlino di Airasca. Beim Aufbruch am 4. Oktober hielt man das Ziel noch geheim, wandte sich dann aber – nach dem Vorbild des 13. Jahrhunderts – gegen Ägypten, das die heiligen Stätten kontrollierte. Zunächst hatte man Alexandria im Visier, das nach erfolgreicher Landung tatsächlich erobert werden konnte. Danach herrschte unter den Kreuzfahrern Unklarheit über das weitere Vorgehen. Als man übereinkam, dass die Stadt gegen die Kontingente des Sultans nicht verteidigt werden könnte, beließ man es bei der Plünderung und zog sich nach Zypern zurück.

Für das eigentliche Ziel des Kreuzzugs war damit nichts erreicht, und die wegen des Angriffs gegen ihre Handelspartner verärgerten Venezianer blockierten erfolgreich weitere Unternehmen. Die folgenden Jahre brachten neue Schwierigkeiten. Peter I. und der Orden konzentrierten sich nun auf den Schutz des christlichen Armenien. Allerdings wurde der König im Januar 1369 ermordet, und in der Folge gelang es dem als Regenten für den jungen Peter II. eingesetzten Bertrand Flote und dem Orden nicht, den inneren Frieden auf Zypern zu sichern. Dagegen bedrohte noch im Herbst 1369 eine Flotte von acht Schiffen der Johanniter, Zyperns, Genuas und Venedigs erneut Alexandria, um den inzwischen aufgenommenen Verhandlungen mit dem Sultan zusätzlichen Druck zu verleihen. Während hier um 1375 ein Friedensschluss gelang, ging zur selben Zeit Armenien unter Angriffen türkischer und mamlukischer Verbände verloren, ohne dass die Johanniter darauf reagierten. Nicht zufällig geriet der Orden in diesen Jahren in die Kritik. Der Kanzler Peters I., Philippe de Mézières, warf den Brüdern vor, immer nur kurz nach Rhodos zu kommen, um sich dann im Westen umso lukrativere Ämter zu verschaffen. Korruption und Ämterhäufung wurden allerdings auch durch die Päpste gefördert, wenn etwa Innozenz VI. seinem aragonesischen Günstling Juan Fernández de Heredia erlaubte, neben der Kastellanei Amposta weitere Priorate zu verwalten, was dieser nicht nur zur eigenen Bereicherung, sondern darüber hinaus zur Versorgung seiner Verwandten nutzte.

Dennoch kamen von den Päpsten immer wieder Anstöße, den Orden stärker auf seine Aufgaben zu verpflichten. So setzte Gregor XI. 1374 den genuesischen Kapitän von Smyrna, Ottobono Cattaneo, ab und übertrug den widerstrebenden Johannitern die Verantwortung für diesen Außenposten, was eine zunehmende Belastung mit sich bringen sollte. Auch in Gregors Plänen für einen neuen Kreuzzug spielten die Johanniter eine wichtige Rolle, da er sich auf die kostspielige Rückkehr des Papsttums von Avignon nach Rom konzentrieren wollte. Während die Brüder Bertrand Flote und Hesso Schlegelholtz nach Konstantinopel reisten, um über eine Zusammenarbeit mit den Griechen zu verhandeln, erhielt Juan Fernández de Heredia als Statthalter des Meisters im Westen den Auftrag, ein *passagium* der Johanniter vorzubereiten.

Spätestens seit 1376 diskutierte man Unternehmen, die den bedrängten lateinischen Herren in Griechenland zu Hilfe kommen sollten. Im Juni 1377 übernahm der Orden von der Königin von Neapel, Johanna I., für fünf Jahre die Verwaltung des Fürstentums Achaia auf der Peloponnes, und im Oktober überließ die Regentin des Herzogtums Leukadien-Kephalonia, Maddalena de Buondelmonti, den Brüdern den Hafen Vonitza in Epiros. Anfang 1378 brach der inzwischen zum Meister gewählte Juan Fernández de Heredia mit den Buondelmontis und einem kleinen Ordenskontingent, darunter die Priore von Venedig, Pisa und Capua sowie der Admiral, tatsächlich zu einem *passagium* auf. Als Verstärkung ausblieb, machten sich die Truppen zum Feldzug gegen einen albanischen Adligen auf und gerieten in einen Hinterhalt. Dabei starben einige Brüder, ohne dass man überhaupt in Kontakt mit den islamischen Gegnern gekommen war; darüber hinaus geriet der neue Meister in Gefangenschaft. Die erheblichen Kosten und der wachsende militärische Druck zwangen den Orden zur Verpfändung seiner Besitzungen im Herzogtum Athen und schließlich 1381 zur Rückgabe Achaias an Königin Johanna. Zur selben Zeit verschlechterte sich die Lage des Ordens einerseits durch den 1377 bis 1389 anhaltenden Krieg zwischen Genua und Venedig, in dem die Venezianer zunächst das Bündnis mit den türkischen Emiraten an der Ägäisküste, dann auch mit den Osmanen suchten, und andererseits durch das Große Schisma, das seit Ende 1378 die europäische Christenheit zu spalten drohte.

## 5. Das Große Schisma

Fünf Monate nach der tumultuarischen Wahl Urbans VI. in Rom kamen die französischen Kardinäle in Fondi zusammen, erklärten die Wahl für unrechtmäßig und erhoben ihrerseits Clemens VII. zum Papst. Als der Versuch einer gewaltsamen Einsetzung in Rom jedoch scheiterte, zog sich Clemens in die ehemalige Papstresidenz in Avignon zurück. Europa zerfiel in die jeweilige Anhängerschaft der beiden Päpste, oftmals in enger Beziehung zur politischen Situation. Juan Fernández de Heredia, der im Frühjahr 1379 freigekommen sein dürfte, schloss sich Clemens VII. an, und ihm folgte der französisch dominierte

Konvent auf Rhodos. Während sich der Meister nach 1382 ständig in Avignon aufhielt, leitete Papst Urban VI. bereits im März 1381 eine Untersuchung über die Ordenssituation ein. Schließlich berief er im April 1383 einen Gegen-Meister, Riccardo Caracciolo, der im Folgenden in großen Teilen der römischen Obödienz, d. h. in Italien, Deutschland, England und der Gascogne, anerkannt wurde und mehrere Generalkapitel abhielt, vor allem in Neapel. Die Versuche der römischen Partei, auf Rhodos, Zypern oder selbst in Smyrna Fuß zu fassen, schlugen zwar fehl, dennoch bedeutete die Spaltung, dass im Osten wichtige finanzielle und personelle Unterstützung für den Unterhalt des Konvents und für die Erfüllung der Aufgaben des Ordens fehlte.

Dieser Mangel machte sich besonders in Smyrna bemerkbar, das seit der Übergabe an die Johanniter 1374 zu einem Außenposten des Ordensbesitzes in der Ägäis geworden war. Trotz Beteiligung der Kurie und eines von Clemens VII. ausgeschriebenen Ablasses blieben in den folgenden Jahren erhebliche Kosten. Das galt insbesondere nach dem Erdbeben vom März 1389, bei dem große Teile der Mauern zerstört wurden. Nach der Eroberung der Emirate Aydin und Mentesche durch die Osmanen sahen sich die Brüder direkt Sultan Bayezid I. gegenüber. Verhandlungen mit den Osmanen scheiterten im Frühjahr 1393 an der Forderung Bayezids, ihm alle nach Rhodos und Smyrna geflohenen christlichen Sklaven zu übergeben und den freien Handel seiner Kaufleute zuzulassen, der auch Geschäfte mit versklavten Christen einschloss. Nur ein Zufall, die Gefangennahme der Söhne eines türkischen Amtsträgers von der oberen Festung in Smyrna, ermöglichte Mitte 1394 den Abschluss eines siebenjährigen Waffenstillstands.

Eine neue Entwicklung brachten die Bemühungen König Sigismunds von Ungarn um einen neuen Kreuzzug, dem sich Herzog Philipp von Burgund anschloss. Bei der Donaufestung Nikopolis, die vergeblich belagert wurde, kam es am 25. September 1396 zur Schlacht mit dem angerückten osmanischen Heer, die unter hohen Verlusten auf beiden Seiten schließlich durch taktische Fehler der Kreuzfahrer entschieden wurde. Während

Sigismund entkommen konnte, gerieten der burgundische Erbe, Johann «Ohnefurcht», Graf von Nevers, und der französische Marschall Jehan II. Le Meingre, genannt Boucicault, in Gefangenschaft. Die Johanniter hatten eine kleinere Flotte unter der Leitung des Priors der Auvergne, Philibert de Naillac, über das Schwarze Meer und die Donau nach Nikopolis entsandt. Die vernichtende Niederlage zwang sie zwar zum Rückzug, doch konnte der Orden im Folgenden wesentlich dazu beitragen, die christlichen Gefangenen auszulösen. Auch als Marschall Boucicault im Herbst 1399 wieder in den lateinischen Osten zurückkehrte, um das inzwischen bedrohte Konstantinopel zu entlasten, waren die Johanniter – neben den Venezianern – erneut mit zwei Schiffen beteiligt.

Das erfolgreiche Vordringen der Osmanen brachte aber nicht nur die Reste des einstmals mächtigen Byzantinischen Reiches, sondern auch die seit dem Vierten Kreuzzug von 1204 in Griechenland präsenten Lateiner mehr und mehr unter Druck. Bei den Johannitern war inzwischen Philibert de Naillac in Abwesenheit zum Meister gewählt worden. Wohl aufgrund seiner Erfahrungen in der Ägäis suchte er die Stellung des Ordens auf der Peloponnes zu stärken. Schon Ende 1397 übernahmen die Johanniter die Verteidigung von Korinth, und im Juli 1399 verhandelte man über Stützpunkte im byzantinischen Despotat Morea, zu dessen Schutz sich die Brüder verpflichtet hatten. Im Februar 1400 ging man sogar so weit, dem Despoten von Morea, Theodor, dem Bruder Kaiser Manuels II., den Kauf des gesamten Despotats anzubieten. Dies blieb ohne Ergebnis, doch verwaltete der Orden zeitweilig einige der Burgen im Despotat, darunter wohl auch den Hauptort Mistra.

In dieser Situation kam es zu dramatischen Ereignissen. Im Juli 1402 stellte sich Sultan Bayezid I. dem in sein Reich eingefallenen Mongolenheer unter Timur und erlitt in der Schlacht bei Ankara eine vernichtende Niederlage, die die Macht der Osmanen schwer erschütterte. Dies brachte zunächst eine gewisse Entlastung für Smyrna, das sich 1401 – wohl nach dem Auslaufen des Waffenstillstands von 1394 – neuen Angriffen gegenübergesehen hatte. Die Kapitäne des Ordens, darunter zuletzt der Admiral Buffilo Panizatti, hatten daher den Ausbau der Befestigungen weiter vorangetrieben. Noch im Oktober 1402 sprachen sich die Brüder auf Rhodos dafür aus, der Verteidigung Smyrnas vor dem Engagement auf dem griechischen Festland Vorrang einzuräumen.

Diese Pläne wurden jedoch von Timur zunichte gemacht, der nach seinem Sieg bei Ankara offenbar seinen Eifer für die Sache des Islam durch einen Angriff auf den christlichen Stützpunkt Smyrna unter Beweis stellen wollte. Anfang Dezember 1402 erschien er vor der Stadt und forderte die kampflose Übergabe. Als dies abgelehnt wurde, begann eine intensive, vierzehntägige Belagerung. Am Ende sahen sich der Kapitän und Teile der Besatzung zur Flucht gezwungen, während Timur alle Einwohner ausnahmslos töten und Stadt und Hafenburg schleifen ließ, bevor er aus Kleinasien abzog. Die Johanniter wollten sich mit dieser Niederlage nicht abfinden und versuchten mehrfach, in Smyrna wieder Fuß zu fassen. 1407 gelang Meister Philibert de Naillac der Bau eines Turms, doch wurde dieser bald darauf wieder zerstört. Nach Verhandlungen konnte sich der Orden schließlich 1407/1408 auf dem Festland nahe dem antiken Halikarnassos einen Ersatzstützpunkt sichern: das Kastell St. Peter, das bis zum Verlust von Rhodos in den Händen der Johanniter verblieb.

Die Schlacht von Ankara leitete eine friedlichere Periode ein, ließ aber auch die fortgesetzte Präsenz der Johanniter auf der Peloponnes ihren christlichen Partnern und Gegenspielern als überflüssig erscheinen. So zerschlugen sich 1403 die Verhandlungen über die Übernahme des Despotats Morea endgültig, und im Juni desselben Jahres griffen die Lateiner aus Athen, Theben und Megara zusammen mit türkischen Verbündeten die Stellungen des Ordens in Korinth an. Als der Despot Theodor den Johannitern zustehende Stützpunkte besetzte, zogen sich die Brüder schließlich im Juni 1404 auch aus Korinth zurück. Hatten sie sich noch im August 1402 an Unternehmungen Marschall Boucicaults beteiligt, bei denen die den Mamluken in Ägypten unterstehenden Städte Tripolis und Beirut angegriffen wurden, kam es im Oktober 1403 auf Rhodos zu Waffenstillstandsverhandlungen mit einem ägyptischen Gesandten. Der dabei geschlossene, wohl aber nicht ratifizierte Vertrag sah Konsulate der Johanniter in Damiette, Ramla und Jerusalem sowie die Betreuung von Hospizen und Heiligtümern um Jerusalem durch den Orden vor. Dies wurde im Folgenden zwar nicht umgesetzt, aber nach 1403 gab es kaum noch militärische Auseinandersetzungen mit den Mamluken. Die reservierte bis feindselige Haltung Venedigs gegenüber den Johannitern verhinderte ebenso wie die Uneinigkeit der lateinischen Mächte in der Ägäis ein gemeinsames Vorgehen gegen die geschwächten Osmanen.

Philibert de Naillac hatte so jedoch den Rücken frei für eine Klärung der Verhältnisse im Westen. Die gefährliche Situation im lateinischen Osten hatte offenbar im Orden das Bewusstsein für die gemeinsamen Aufgaben gestärkt, sodass sich die Parteien aufeinander zubewegten. Als der Meister 1409 in den Westen zurückkehrte, stellte er sich auf die Seite der Kardinäle, die das Schisma auf dem Konzil von Pisa durch die Wahl eines neuen Papstes, Alexanders V., zu beenden suchten. Dies trug ihm die Absetzung durch Benedikt XIII. ein, doch unterstützte Naillac weiterhin, auch im Interesse der Johanniter, die Bemühungen um eine Beendigung des Schismas und nahm 1417 als einer der Konklavewächter auf dem Konstanzer Konzil an der Wahl Papst Martins V. teil, der schließlich allgemeine Anerkennung fand.

Naillac war es schon seit 1410 gelungen, den Orden wieder zusammenzuführen. Zudem konnte er während seines bis 1420 dauernden Aufenthalts im Westen interne Konflikte schlichten und die Stellung der Johanniter insgesamt festigen. Die relative Untätigkeit der Brüder auf Rhodos ließ aber zur selben Zeit die alte Kritik am Orden wieder aufleben. Man warf den Brüdern mangelndes Engagement und die Verschwendung der im Westen erwirtschafteten Gelder vor. Dies wurde durch die Wahrnehmung der vom Orden unterstützten Piraterie verstärkt, die nicht selten auch christliche Schiffe betraf. Beim Tode Naillacs im Juni 1421 wirkten die Johanniter daher demoralisiert und geschwächt, doch sollte sich bald zeigen, dass sie angesichts neuer Bedrohungen durchaus in der Lage waren, frische Kräfte zu mobilisieren.

## 6. Wachsende Bedrohung

Mit dem Angriff der Mamluken auf Zypern im Juli 1426 begann eine neue Phase der Geschichte des Ordens, die durch die wachsende Bedrohung von Rhodos durch die Großreiche der Mamluken in Ägypten und Syrien sowie der Osmanen in Kleinasien und auf dem Balkan gekennzeichnet war. Die Niederlage von König Janus I. gegen ein mamlukisches Heer brachte für die Johanniter eine zweifache Belastung mit sich: zum einen wegen der Verwüstung ihrer reichen Besitzungen bei Kolossi, zum anderen wegen ihrer Beteiligung an der Lösegeldzahlung für den in Gefangenschaft geratenen zyprischen König. Auch wenn der Orden 1428 erneut einen Waffenstillstand mit den Mamluken vereinbaren konnte, blieb die Situation bedrohlich. Genuesische Kaufleute warnten zeitweilig vor dem Besuch von Rhodos, und Meister Antoni Fluviá musste sich 1436 gegenüber den Venezianern des Eindrucks erwehren, der Orden stehe seinen Gegnern ohnmächtig gegenüber.

Zur selben Zeit verdichteten sich die Informationen über ägyptische Angriffspläne, sodass die Johanniter Verstärkung aus dem Westen anforderten und Maßnahmen zur besseren Versorgung der Insel trafen. 1438 erhielt der neue Meister Jean de Lastic zwar Kenntnis von einem geheimen Bündnis der Mamluken mit den Osmanen, doch kamen die folgenden Ereignisse offenbar für den Orden überraschend. Im Herbst 1440 eroberten und zerstörten mamlukische Truppen zunächst das Kastell der Johanniter auf der weiter östlich gelegenen kleinen Insel Kastellorizzo, dann griffen sie weitere Ziele im Bereich der Ordensherrschaft an. Als ihre Flotte schließlich zum Angriff auf Rhodos überging, stellte sich der Orden den Ägyptern mit sieben Galeeren und zehn weiteren Schiffen entgegen. Nach ersten, heftigen Kämpfen zogen sich die Gegner an die türkische Küste zurück, wo die schweren Ordensgaleeren nur schlecht manövrieren konnten. Dennoch kam es zur weiteren militärischen Konfrontation. Am Ende entschloss sich die mamlukische Flotte zur Rückkehr nach Ägypten, wandte sich aber zuvor noch gegen Zypern, verwüstete die Ordensbesitzungen und führte die abhängige Bevölkerung in die Sklaverei.

Damit war aber die Situation nicht entschärft, vielmehr plante der Sultan einen erneuten Angriff. Deshalb wandte sich der Orden erstmals nachdrücklich an die europäischen Fürsten. In einem Schreiben an die Priore vom November 1440 wurden die Gefahren beschrieben und Könige und Landesherren aufgefordert, ihre inneren Konflikte zugunsten der Verteidigung der Christenheit zurückzustellen. Auch Papst Eugen IV. wurde im März 1441 für die Johanniter aktiv. Parallel dazu bemühten sich diese um die Erneuerung des Waffenstillstands mit den Mamluken. Als die Verhandlungen fehlschlugen, operierte ab dem Herbst 1443 erneut eine ägyptische Flotte in den Gewässern vor Rhodos. Die Ereignisse kulminierten schließlich in einer 40-tägigen Belagerung von Stadt und Insel im August und September 1444. Erst als diese erfolgreich abgewehrt werden konnte, kam es erneut zur Vereinbarung eines Waffenstillstands. Die Johanniter versuchten fortan immer wieder, die Aufmerksamkeit der europäischen Öffentlichkeit auf ihre Lage zu richten, so z. B. 1448 mit einem Schreiben Lastics an König Heinrich VI. von England.

Die Abwehr der Mamluken-Angriffe von 1440 und 1444 verschärfte allerdings zunächst die Gegensätze im Orden. Die erheblichen Kosten führten zu einer wachsenden Verschuldung, und da die Finanzverwaltung und die Leitung vor allem in der Hand der drei französischen Zungen lagen, erhoben die Repräsentanten der vier «kleineren» Zungen wiederholt Protest gegen die Ordenspolitik. Auf dem Generalkapitel auf Rhodos im Juli und August 1445 und selbst auf dem vom Papst nach Rom einberufenen Generalkapitel um die Jahreswende 1446/47 kam es zu heftigen Auseinandersetzungen, ohne dass ein Ausgleich erreicht werden konnte. Eine gewisse Entschärfung brachte die Einführung eines von allen Zungen zu besetzenden Kontrollgremiums für die Finanzen, der Auditoren der Abrechnung, das aber wegen der Ablehnung der in Rom diskutierten Neufassung der Statuten erst auf dem Generalkapitel von 1449 endgültig etabliert wurde. Dennoch setzten sich die Streitigkeiten auf den

Generalkapiteln bis 1459 fort und eskalierten erneut 1461 nach dem Tod von Meister Jacques de Milly, als es auf der Versammlung um die Wahl eines Nachfolgers ging. Nachdem die Forderung der spanischen Zunge nach einer stärkeren Repräsentanz abgelehnt worden war, erreichten die nicht-französischen Zungen durch ihren zeitweiligen Auszug den Ausschluss von Prioren und Konventualbaillis vom Wahlakt. Unter dem neuen Meister Pere Ramon Zacosta gelang es schließlich auf dem Generalkapitel von 1462, die Lage zu beruhigen; nach der formalen Teilung der spanischen Zunge und der Erhebung des Kanzlers zum Konventualbailli für die kastilisch-portugiesische Zunge gewannen die «kleinen» Zungen nämlich noch stärkeren Einfluss.

Inzwischen waren im Verhältnis zu den muslimischen Mächten dramatische Veränderungen eingetreten. Die osmanische Eroberung Konstantinopels, der alten Hauptstadt des Oströmischen und des Byzantinischen Reiches, im Jahr 1453 brachte auch die lateinischen Stützpunkte in der Ägäis in wachsende Gefahr. Bereits 1454 forderte Sultan Mehmed II. von Meister Jean de Lastic einen Tribut von 2000 Dukaten und verwüstete, als dieser die Zahlung ablehnte, die Inseln Kos, Simi und Nisyros sowie das Dorf Archangelos im Süden der Insel Rhodos. 1456 fiel das genuesische Chios, während die osmanische Eroberung Belgrads noch einmal durch einen europäischen Kreuzzug verhindert werden konnte. 1462 konnten die Johanniter mit den Osmanen einen Waffenstillstand schließen und boten dafür sogar eine Tributzahlung als «freiwilliges Geschenk» an, doch verschärfte sich die Situation wieder, als Mehmed II. 1464 und 1466 erneut Tributforderungen stellte, die der Orden ablehnte.

Zudem machten andere Faktoren die Lage immer schwieriger. Im Verhältnis zu Venedig und zu Zypern entstanden durch die Parteinahme des Ordens für die – letztlich unterlegene – zyprische Thronprätendentin Charlotte neue Spannungen. Als die von Rhodos aus operierenden Kaperer venezianische Schiffe überfielen und muslimische Kaufleute gefangennahmen, die unter Venedigs Schutz standen, entsandte die Republik mehrfach,

1460, 1461 und 1465, eine Flotte; zweimal kam es zur Landung von Kontingenten der Venezianer, sogar zu Plünderungen und Verwüstungen. Zur selben Zeit scheiterten mehrere Anläufe für einen neuen Kreuzzug. 1456 entschied sich der päpstliche Legat, Kardinal Ludovico Trevisan, der auch einen Reformauftrag für den Orden erhalten hatte, für Rhodos als Basis seiner Operationen, erreichte aber nur wenig. Der von Papst Pius II. initiierte Kreuzzug, an dem die Johanniter unter der Leitung von Meister Pere Ramon Zacosta teilnehmen wollten, stieß von Anfang an auf weitgehende Zurückhaltung der europäischen Mächte und scheiterte endgültig nach dem Tod des Papstes im August 1464, noch während sich das Kreuzheer in Ancona versammelte.

Die Johanniter verlegten sich in der Folgezeit auf die Beteiligung an kleineren Unternehmen in der Ägäis und im östlichen Mittelmeer. Nach dem Verlust des venezianischen Negroponte (Euböa) an die Osmanen im Juli 1470 beteiligte sich der Orden mehrfach mit zwei Galeeren an den Flottenoperationen der Republik, des Papstes und Aragóns, die sich gegen Smyrna und den Südosten der heutigen Türkei richteten. Die Aufmerksamkeit der Osmanen konzentrierte sich in den späteren 1470er Jahren auf den Balkan, doch war der Ordensleitung die fortbestehende Bedrohung für Rhodos bewusst. Unter dem neuen Meister Pierre d'Aubusson wurden daher die Mauern verstärkt und Kontingente aus dem Westen angeworben. Aubusson erneuerte zudem den Waffenstillstand mit den Mamluken und schloss 1478 einen Vertrag mit dem hafsidischen Herrscher von Tunis, der die Versorgung der Insel mit Getreide aus Nordafrika vorsah.

Zwischen Februar 1478 und April 1479 verhandelte Dschem, der jüngere Sohn Mehmeds II. und Statthalter seines Vaters in Mentesche, über einen Friedensvertrag, doch gelang nur der Abschluss eines zeitlich begrenzten Waffenstillstands. Schon Ende 1479 erschien eine osmanische Flotte vor Rhodos, und die Truppen, die an Land gingen, richteten erhebliche Verwüstung an. Mit der endgültigen Landung größerer Verbände am 23. Mai 1480 begann die Belagerung von Rhodos. Die Stadt, die von rund 300 Ritterbrüdern, 300 Servienten und 3000–4000 Söldnern aus Frankreich und Italien verteidigt wurde, war bald eingeschlossen. Zunächst konzentrierten sich die Angriffe auf den Nikolausturm am Hafen, der zwar zerstört wurde, jedoch vom Orden gehalten werden konnte. Danach wandte sich das osmanische Heer insbesondere gegen die Ostseite der Stadt. Hier gelang ein Einbruch in der Mauer, doch konnten die Befestigungen verteidigt werden, nicht zuletzt durch das persönliche Eingreifen Aubussons während des Höhepunktes der Kämpfe am 27. und 28. Juli. Die zahlreichen Gefallenen unter den Belagerern und der Verlauf der gleichzeitigen osmanischen Operation zur Eroberung des süditalienischen Otranto bewogen Mehmed II., die Belagerung aufzuheben. Am 17. August zogen die letzten türkischen Verbände ab, als auf zwei von Ferrante von Neapel entsandten Schiffen Verstärkung im Hafen von Rhodos eintraf. Der Vizekanzler Guillaume Caoursin feierte daraufhin den Erfolg des Ordens in seinem weitverbreiteten Bericht über die Belagerung. Die Johanniter hatten einen Höhepunkt ihres europäischen Ansehens erreicht.

## 7. Das Ende der Ordensherrschaft auf Rhodos

Bald nach dem Ende der Belagerung entschärfte sich die Situation; dafür sorgte spätestens im April 1481 der Tod Mehmeds II. und der daraufhin ausbrechende Kampf zwischen seinen Söhnen. Der Jüngere, Dschem, unterlag nach kurzer Auseinandersetzung dem Älteren, Bayezid II., und zog sich nach Syrien und Ägypten zurück. Als er nach einer Pilgerfahrt einen erneuten Versuch unternahm, die Macht zu ergreifen, dieser jedoch wieder fehlschlug, nahm er im Sommer 1482 Kontakt zu den Johannitern auf und traf Ende Juli auf Rhodos ein. Schon einen Monat später wurde ein ewiger Friedensvertrag geschlossen, der dem Orden und seinen Untertanen freien Handel für den Fall zusicherte, dass Dschem den Thron zurückgewinnen sollte. Der mit großen Ehren aufgenommene osmanische Prinz wurde zur Sicherheit schon am 1. September in den Westen gesandt, wo er sich in verschiedenen Häusern in Frankreich aufhielt, bevor er in die Obhut von Papst Innozenz VIII. überging, der Aubusson dafür mit der am 29. Juli 1489 auf Rhodos feierlich begangenen Erhebung zum Kardinal ehrte.

Die «vergoldete» Geiselhaft Dschems erlaubte dem Orden schließlich im Dezember 1482, einen günstigen Frieden mit Bayezid II. abzuschließen. Der Sultan zahlte jährlich 35 000 Dukaten für den Unterhalt seines Bruders, beide Seiten erhielten das Recht zu freiem Handel in den Territorien des anderen, und nach St. Peter geflohene christliche Sklaven durften unter der Herrschaft der Johanniter bleiben. Während noch im selben Jahr ein neuerlicher Friedensschluss mit dem mamlukischen Sultan gelang, der sogar mit Getreidelieferungen aus Ägypten verbunden war, konnte Aubusson die Stellung von Rhodos auch über den Tod Dschems im Jahr 1495 hinaus sichern.

Nach dem Ende der Belagerung, insbesondere aber nach mehreren verheerenden Erdbeben zwischen März und Dezember 1481, begann ein intensives Bauprogramm. So machte man sich nicht nur an die Verstärkung der Befestigungsanlagen, sondern auch an den Ausbau des Palastes des Meisters; zudem wurde das 1440 begonnene neue Hospital beendet, und es entstanden zahlreiche weitere Gebäude, nicht zuletzt neue Kirchen, wie St. Maria de Victoria am Ort der heftigsten Kämpfe von 1480, sowie die Herbergen der Zungen. Für die jetzt wieder in größeren Zahlen nach Jerusalem reisenden, meist adligen Pilger, die häufig auf dem Weg nach Jaffa in Rhodos Station machten, boten die Johanniter ein spezielles Besuchsprogramm an, das die Leistungen des Ordens herausstellte.

Die Gefahr für die Insel schien sich schon im Herbst 1496 wieder zu vergrößern. Dem Meister wurden nämlich Informationen über umfangreiche Schiffsbauten des Sultans zugetragen, der offenbar die Niederlage seines Vaters auf Rhodos rächen wollte. Zunächst kam es jedoch 1498 zu einer Erneuerung des Waffenstillstands mit den Osmanen. Allerdings formierte sich nach dem Verlust Lepantos (1499) im Jahr 1501 eine weit gespannte christliche Liga aus Venedig, Frankreich, Spanien, Portugal und dem Papst, deren Flotte sich die Johanniter mit acht Galeeren unter dem Befehl von Ludovico de Scalenghe sowie

Fabrizio del Carretto anschlossen. Die Operationen führten zu kleineren Erfolgen, am Ende aber schloss Venedig 1503 Frieden mit den Osmanen, während sich der Orden der Angriffe türkischer Korsaren erwehren musste.

Unter dem neuen Meister Émery d'Amboise setzte sich die Reihe kleinerer Konflikte fort. 1504 kam es zu Spannungen mit den Osmanen, als ein Amtsträger von Kurkut Tschelebi, einem Sohn Bayezids II. und Statthalter in Süd-Anatolien, in Gefangenschaft geriet und bei einem Fluchtversuch starb. 1506 konnte ein Angriff der Mamluken auf Kos verhindert werden, 1507 erbeutete der Orden mehrere Schiffe, und 1510 gingen die Johanniter aus einem Zusammenstoß mit einer ägyptischen Flotte vor der syrischen Küste mit reicher Beute hervor. Allerdings führte die zunehmende Schwäche des Mamlukenreiches dazu, dass in den Jahren 1516 und 1517 Syrien und Ägypten durch Bayezids Erben, Sultan Selim I., erobert wurden. Der letzte mamlukische Sultan, Tumanbey, schloss noch im November 1516 ein Bündnis mit den Johannitern, doch konnten die Waffenlieferungen aus Rhodos das Ende des Mamlukenreichs nicht mehr aufhalten.

Damit sahen sich der Orden unter den Meistern Fabrizio del Carretto (seit Ende 1513) und Philippe Villiers de l'Isle-Adam (seit Anfang 1521) einer wachsenden Bedrohung durch die Osmanen gegenüber. Diese erhielt noch durch den Umstand Potential, dass der Orden auf Rhodos einem Sohn von Dschem, Murad, Schutz gewährte. Schon Carretto ließ daher die Befestigungen verstärken, unter anderem durch den Ingenieur und Architekten Basilio della Scala aus Vicenza. Nach dem frühen Tod Selims I. (1520) setzte dessen Sohn Süleyman I. die aggressive Politik seines Vaters fort. Im August 1521 fiel Belgrad, und im Frühjahr 1522 begann er, nachdem er zuvor mit Venedig einen Friedensvertrag geschlossen hatte, mit den Vorbereitungen des Angriffs auf Rhodos. Am 24. Juni 1522 traf eine Flotte, die aus 400 Schiffen mit rund 40 000 Ruderern und 20 000 Seesöldnern bestand, vor der Insel ein. Dazu wurden große Verbände vom türkischen Festland nach Rhodos hinüber verbracht. Der Orden konnte dem nur rund 600 Brüder, 500 genuesische

Seeleute, 400 Söldner aus Kreta und einige tausend Stadtbewohner entgegenstellen. Hoffnungen auf Hilfe aus dem Westen zerschlugen sich bald, unter anderem wegen des Krieges zwischen Kaiser Karl V. und Franz I. von Frankreich.

Die Türken konzentrierten ihre Kanonen auf einen Teil der Landseite und verursachten erhebliche Schäden, doch blieb dies – trotz hoher Opferzahlen – ebenso ohne Ergebnis wie zahlreiche Versuche, die Stadtmauern zu unterminieren. Anfang Oktober ersetzte Sultan Süleyman deshalb den Oberbefehlshaber, doch konnte die Verteidigung der Brüder nicht durchbrochen werden. Angesichts der weiterhin hohen Verluste und eines nunmehr möglichen Eingreifens von Karl V. und Papst Hadrian VI. zugunsten des Ordens bot der Sultan mit Einbruch des Winters dem Meister die geordnete Übergabe von Rhodos an die Osmanen an. Die Johanniter lehnten dies zunächst ab, aber auch die Stimmung unter den Verteidigern hatte sich verschlechtert. Der Kanzler des Ordens, der Portugiese Andrea d'Amaral, war unter dem Vorwurf des Verrats geheimer Informationen hingerichtet worden, und die Stadtbewohner fürchteten, nach einem osmanischen Erfolg getötet oder versklavt zu werden. Schließlich entschlossen sich Meister und Rat am 9. Dezember 1522 zur Kapitulation. Nach einigen Komplikationen kam es am 20. Dezember zur Einigung, und am 1. Januar 1523 verließen der Meister, die Brüder und einige ihrer Untertanen die Insel. Bald darauf ergaben sich auch Kos und das Kastell St. Peter, und die Territorien unter Ordensherrschaft gingen an die Osmanen über.

Mit dem Verlust von Rhodos begann für den Meister und die führenden Brüder eine Phase der Wanderschaft. Sie erreichten über Kreta am 1. März Messina, um dann im August 1523 in Civitavecchia mit Hadrian VI. zu Beratungen über die Zukunft des Ordens zusammenzutreffen. Während sich die Verhandlungen hinzogen, die eine Übergabe Maltas und Gozos von Karl V. an die Brüder ermöglichen sollten, hofften die Johanniter vergeblich auf eine Rebellion auf Rhodos, die sie wieder in den Besitz der Insel gebracht hätte. Schließlich übertrug Karl V. dem Orden am 24. März 1530 Malta, Gozo und das durch einen spanischen Kreuzzug im Jahr 1510 eroberte Tripolis, das bis zum Angriff einer osmanischen Flotte unter Dragut Reis 1551 gehalten werden konnte. Mit der Übersiedlung von Großmeister Philippe Villiers de l'Isle-Adam nach Malta am 26. Oktober 1530 begann ein neues Kapitel der Ordensgeschichte.

## 8. Der Orden auf Malta

Obwohl Mdina mit der Vorstadt Rabat das Zentrum der Insel bildete, etablierten sich die Brüder bald in Birgu auf einer der Halbinseln am großen Hafen im Norden Maltas. Die noch aus sizilianischer Zeit stammende Burg wurde ausgebaut, eine neue Festung, das Kastell San Angelo, angelegt und ein neues Hospital errichtet. Daneben entstand nach dem Verlust Tripolis die nach Großmeister Claude de la Sengle benannte kleine Stadt Senglea, und am Eingang des Hafens wurde das Kastell St. Elmo erbaut. Der Orden setzte während der ersten Jahre auf Malta seine Politik begrenzter Angriffe auf türkische Stützpunkte und Schiffe fort, wie sie umgekehrt auf osmanischer Seite ähnlich, auch gegen Malta, von Korsaren wie Chaireddin «Barbarossa» betrieben wurde. So griffen die Johanniter 1531 Modon im Süden der Peloponnes an und stellten in der Folge Galeeren für Angriffe gegen Korfu, Tunis und Algier. 1559 beteiligten sie sich an einem großen Unternehmen Philipps II. von Spanien zur Rückgewinnung von Tripolis.

Dies und die fortgesetzten Übergriffe auf muslimische Schiffe, unter anderem auf solche, die mit Pilgern auf dem Weg nach Mekka unterwegs waren, bewogen Süleyman I. 1565 zu einem neuen, konzentrierten Angriff auf den Orden. Ausgerüstet mit schwerer Artillerie landeten 48000 Mann unter Mustafa Pascha auf Malta. Noch bevor die Flotte unter Dragut Reis eintraf, begann man mit der Belagerung von St. Elmo, was sich als strategischer Fehler erwies; denn das Fort fiel erst am 23. Juni 1565, nach über einem Monat und vielen Opfern, darunter Dragut Reis. Während Anfang Juli eine erste Verstärkung von 700 Mann in Birgu eintraf, setzten Großmeister Jean de la Valette und die Brüder auf eine energische, auch von den Maltesern unterstützte Verteidigung. Das Kastell San Angelo und die Isola San Michele konnten gehalten werden, und bei den türkischen Truppen wurden Anfang September Wasser und Lebensmittel knapp. Inzwischen hatten die Appelle von Papst Pius IV. auch Spanien zum Eingreifen bewegt. Der sizilische Vizekönig Don García de Toledo traf am 7. September mit einer Entsatzflotte auf Malta ein, die den osmanischen Truppen eine schwere Niederlage zufügte und sie zum Rückzug zwang. Anders als 1522 konnten sich die Johanniter 1565 aufgrund äußerer Faktoren, des parallelen osmanischen Engagements auf dem Balkan und der Unterstützung durch Papst und spanischen König behaupten.

Der Erfolg von 1565 trug noch einmal dazu bei, die Reputation des Ordens zu heben, bei Katholiken wie bei Protestanten. Dies war nicht unerheblich, sahen sich die Johanniter doch infolge der Reformation in vielen Teilen Europas mit großen Problemen konfrontiert. Trotz der engen Bindung an die englischen Könige hatte z. B. die Zuwendung Heinrichs VIII. zur Reformation 1540 zur Auflösung des Ordens in England geführt. Einige englische Brüder blieben auf Malta, andere traten nach 1540 in den Dienst der englischen Krone, oft als Schiffsoffiziere und Kapitäne. Die Erneuerung des englischen Priorats unter Maria der Katholischen im Mai 1557 war nur von kurzer Dauer, da der Gemeinschaft die zuvor übertragenen acht Präzeptoreien aus Kronbesitz bereits durch das erste Parlament unter Elisabeth I. wieder entzogen wurden. Auch die Könige von Dänemark und Schweden lösten den Orden in ihren Ländern auf.

Kompliziert war die Lage in der Schweizer Eidgenossenschaft, wo die Johanniter selbst in den protestantischen Kantonen teilweise Anrechte auf ihren Besitz wahren und die Einkünfte weiter einziehen konnten, obwohl die Ordenshäuser aufgelöst wurden. Die erfolgreiche Teilnahme des deutschen Großpriors am Entsatz Wiens, das von den Osmanen unter Süleyman I. 1529 belagert worden war, ermöglichte zudem den Erhalt des Hauses in Basel. Allgemein gingen in Deutschland rund 30% der Ordensbesitzungen vollständig verloren, auch wenn dafür zum Teil Entschädigungen gezahlt wurden; weitere 30% bildeten katholische

Enklaven in protestantischen Territorien, die gelegentlich protestantische Geistliche für die von ihnen abhängige Bevölkerung unterhalten mussten. Immer schwieriger wurde die Anwerbung von Priesterbrüdern, sodass der ritterliche Charakter des Ordens ein deutliches Übergewicht gewann.

Eine besondere Entwicklung ergab sich im Gebiet der 1382 formierten Ballei Brandenburg, d. h. im Gebiet der Mark Brandenburg, Mecklenburgs und Pommerns. Zunächst gingen in vielen Fällen die Rechte an Pfarrkirchen verloren, ebenso einzelne Ordenshäuser wie Kraak in Mecklenburg. Die Zukunft der Ballei war schließlich gefährdet, als Markgraf Johann von Brandenburg-Küstrin für seinen Landesteil, in dem die zentralen Besitzungen der Ballei lagen, 1538 die Reformation einführte, ebenso wie bald darauf (1539) sein älterer Bruder Kurfürst Joachim II. Darauf musste der Balleier Veit van Thümen protestantische Prediger einsetzen und einem von Johann geforderten Besitztausch zustimmen; bald waren einige der Amtsträger des Ordens verheiratet. Der deutsche Großprior Johann von Hattstein versuchte vergeblich, die Reformation der Ballei aufzuhalten. Nach dem Tod Thümens nahmen am 20. Juni 1544 Vertreter des Markgrafen an der Wahl seines Nachfolgers Joachim von Arnim teil. Sein Gehorsams- und Treueid gegenüber dem Markgrafen machte ihn zum ersten protestantischen Herrenmeister, selbst wenn man danach noch die Bestätigung durch den deutschen Großprior der Johanniter einzuholen suchte.

Nach dem Rücktritt Arnims folgte im April 1545 Thomas Runge als neuer Herrenmeister, der dem Markgrafen zuvor weitgehende Zugeständnisse machen musste. Auf dieser Grundlage entschieden sich Johann und Kurfürst Joachim II. Anfang 1561 endgültig dafür, die Ballei Brandenburg unter ihrer Ägide bestehen zu lassen. Als sich Herrenmeister Martin von Hohenstein 1577 offen zum Luthertum bekannte, kam es zwar auf Malta zum Ausschluss der Brüder der Ballei aus dem Orden und – seit 1589 – zur Berufung eigener Baillis von Brandenburg im Konvent von Malta, doch teilte Großprior Philipp Flach von Schwarzenberg dies der Ballei nicht mit. Ein protestantischer Zweig der Johanniter war entstanden, der über die deutschen

Großprioren bis zu seiner Auflösung 1811 durch König Friedrich Wilhelm III. lose mit dem Gesamtorden verbunden blieb und wenigstens zeitweilig Responsionen für Malta überwies.

Nicht zuletzt weil die Johanniter weiterhin auf die Einkünfte aus dem Westen zurückgreifen konnten, waren sie in der Lage, nach 1565 Malta gegen weitere osmanische Angriffe auszubauen. An der Stelle der schwersten Kämpfe entstand eine planmäßig angelegte, bewusst dem unebenen Gelände angepasste Festungsstadt mit modernsten Verteidigungsanlagen, die nach dem Großmeister den Namen Valletta erhielt, während Birgu (unter dem Namen Vittoriosa) und das Fort St. Elmo verstärkt wurden. Der Orden berief für diese Aufgabe den italienischen Architekten Francesco Laparelli, der von dem Malteser Gerolamo Cassar unterstützt wurde, der auch die weitere Gestaltung übernahm. In Valletta entstanden – wie schon zuvor, wenn auch nur provisorisch, in Birgu – der Palast des Großmeisters, das Hospital, die dem Ordenspatron gewidmete Konventskirche und zahlreiche Herbergen für die Zungen. Sehr spät, 1794, wurde noch ein eigener Bau für die Bibliothek errichtet.

Die Johanniter übertrugen außerdem die Landesgesetzgebung von Rhodos auf Malta, wo in Birgu einige griechische Familien lebten, die dem Orden gefolgt waren. Abgesehen von einer Landung türkischer Kontingente 1614 brachte die Ordensherrschaft den neuen Untertanen nach 1565 eine Periode der Stabilität, zumal sie ebenfalls vom neuen Hospital und von den Einkünften aus den auch von Malta aus bis in die 1750er Jahre fortgesetzten Piratenüberfällen, dem *corso*, profitierten. Spannungen ergaben sich nur durch den Ausschluss des maltesischen Adels von der Mitgliedschaft im Orden und damit von der Herrschaft über Malta. Da die meisten Brüder zudem kein Maltesisch sprachen, blieben die Johanniter so etwas wie Fremdherrscher.

Nach 1565 waren die Johanniter zunächst an einer Heiligen Liga beteiligt, die unter anderem infolge der osmanischen Belagerung und Eroberung von Zypern und des osmanischen Vordringens auf dem Balkan entstand und schließlich in der letzten großen klassischen Seeschlacht vor Lepanto im Oktober 1571 einen eindrucksvollen Sieg gegen die Osmanen errang. Später

6 Das planmäßig angelegte Valletta mit dem Großen Hafen und dem Kastell St. Elmo im Vordergrund. Anonym, um 1801.

unternahmen die Brüder wiederholt, wenn auch nur kurzfristig erfolgreich, Angriffe auf muslimische Stützpunkte, so 1606 auf Hammamet, 1611 auf Korinth und 1639 auf Tripoli. Mehrfach waren sie an gemeinsamen Aktionen beteiligt, so zusammen mit dem Orden von St. Stephan in der Toscana und Venedig (trotz wiederkehrender Spannungen); darüber hinaus bildeten sie Marineoffiziere Frankreichs und Russlands aus. Nach 1723 unterließen die Johanniter allerdings auf französischen und venezianischen Druck hin weitere Angriffe gegen Schiffe aus dem Osmanischen Reich. Aber auch die Beziehungen zu Tunis und Marokko entwickelten sich im 18. Jahrhundert durchaus friedlich.

Im 16. Jahrhundert konnten die Johanniter während des Konzils von Trient (1545–1563) Forderungen nach einer weitgehenden Reform mit dem Argument ihrer wichtigen Aufgaben im Dienst der Christenheit entschärfen, doch blieb diese Frage auf der Tagesordnung. Seit dem Ende des 16. Jahrhunderts entsandten die Päpste Großinquisitoren nach Malta, die das Verhalten der Brüder überprüfen sollten, so sehr sie zur selben Zeit auch die militärischen Aktivitäten des Ordens unterstützten. Die Großmeister herrschten zunehmend autokratisch, weshalb die Generalkapitel seit den 1620er Jahren stärkeren Einfluss auf ihre Wahl forderten. Auf dem Generalkapitel von 1631 wurden zwar Reformen verabschiedet, doch betrafen sie nicht die Stellung des Großmeisters. Vielmehr konzentrierte man die Entscheidungen danach bei diesem und seinem Rat, an dessen Spitze nunmehr einzelne Ritterbrüder berufen wurden.

Erst angesichts wachsender Finanzprobleme, nicht zuletzt verursacht durch den Prunk auf Malta bei schrumpfenden Einnahmen im Westen, kam es 1776 zu einem neuen Generalkapitel unter dem Großmeister Emmanuel de Rohan Polduc. Rohan regierte die Insel wie ein weltlicher Fürst und geriet 1793 sogar in Konflikt mit Papst Pius VI. Die Aufgaben des Ordens waren überholt; immer wieder standen die alten Bestimmungen und Regeln positiven Entscheidungen im Wege.

Die Französische Revolution führte 1792 endgültig zum Verlust aller französischen Besitzungen, und bald waren auch die Liegenschaften des Ordens westlich des Rheins, in der Schweiz und Norditalien eingezogen. Der erste deutsche Großmeister, der 1797 gewählte Ferdinand von Hompesch, löste zudem durch seine Politik in Frankreich die Befürchtung aus, Österreich oder der durch die Bildung eines russischen Großpriorats aktive Zar Paul I. könnten sich Maltas bemächtigen. Deshalb erschien im Juni 1798 – auf dem Weg nach Ägypten – eine französische Flotte unter Napoleon Bonaparte vor Malta, der es nach kurzen Kämpfen gelang, die Insel zu erobern. Hompesch und die führenden Brüder mussten sich am 17. Juni von Malta zurückziehen, ohne ihr Archiv und die meisten Reliquien. Letztere wurden von Frankreich konfisziert, gingen aber am 1. August 1798 bei Abukir in der Seeschlacht gegen die Briten unter Nelson mit dem französischen Flaggschiff L'Orient verloren. Die Ereignisse auf Malta stürzten die Johanniter in die größte Krise seit ihrer Gründung.

## 9. Johanniter und Malteser im 19. und 20. Jahrhundert

Der Verlust der Insel führte für einige Jahrzehnte zu chaotischen Verhältnissen. Zar Paul I., der das russische Großpriorat 1795 aufgrund der Besitzungen eingerichtet hatte, die den Johannitern 1776 im östlichen Polen aus dem Erbe des Fürsten von Ostrorog zugefallen waren, war ein Romantiker, den die Geschichte des Ordens anzog. Vor diesem Hintergrund erhoben ihn die in St. Petersburg versammelten Ritter am 7. November 1798 zum neuen Großmeister, während Hompesch, der sich unter dem Schutz von Kaiser Franz II. nach Triest ins Exil zurückgezogen hatte, für abgesetzt erklärt wurde. Obwohl der Zar als russisch-orthodoxer Christ und verheirateter Mann, der kein Gelübde abgelegt hatte, nicht in den Orden eintreten konnte, nahm er den Habit des Ordens an und suchte seine Anerkennung als Großmeister mit diplomatischem Druck durchzusetzen. Auf diese Weise erzwang er im Juli 1799 den Rücktritt Hompeschs, der die wenigen aus Malta geretteten Reliquien der Johanniter nach St. Petersburg schickte; und auch Papst Pius VI. stimmte gegen seine Überzeugung der Erhebung Pauls zum Großmeister zu. Bald entstand in St. Petersburg ein russisch-orthodoxer Ordenszweig, ein zweites russisches Großpriorat nach dem Vorbild der Ballei Brandenburg, dem eine kleine Flotte übertragen wurde.

Der Orden konzentrierte sich jetzt in St. Petersburg. Rund 50 Brüder waren Napoleon nach Ägypten gefolgt, einige wenige lebten im Umfeld Hompeschs und in den wenigen verbliebenen europäischen Besitzungen. Pauls hochfliegende Pläne fanden indes mit seiner Ermordung am 23. März 1801 ein abruptes Ende. Sein Nachfolger Zar Alexander I. hatte kein Interesse, sich als Großmeister einsetzen zu lassen. Zunächst ernannte er einen Statthalter und stimmte 1803 der Berufung Giovanni Battista Tommasis in dieses Amt zu. 1810/11 entschied er sich jedoch für die Aufhebung des russischen Großpriorats und den Einzug aller seiner Besitzungen. Als Friedrich Wilhelm III. auch die Ballei Brandenburg auflöste, verlor der Orden zunehmend an Bedeutung.

Weitere Versuche, sich wieder auf Malta zu etablieren, scheiterten an den Briten, die die Insel inzwischen besetzt hatten und selbst kontrollieren wollten. Großmeister Tommasi agierte deshalb von Catania aus, ähnlich wie seine Nachfolger, zumal die sizilische Regierung 1806 eine Verlegung nach Rom untersagte.

Allerdings wählte man nach Tommasis Tod 1805 lange keinen neuen Großmeister mehr, sondern setzte jeweils nur Statthalter dieses Amtes ein, nicht zuletzt aufgrund habsburgischer Ansprüche auf ein Mitspracherecht bei der Berufung. Als der sizilische Besitz 1825 eingezogen wurde, wechselte der Orden 1827 nach Ferrara, nahm dann aber unter dem Statthalter Carlo Candida 1834 seinen Sitz dauerhaft in Rom auf dem Aventin und erhielt von Papst Gregor XVI. wieder ein Hospital übertragen. In der Folge verzichtete der Orden auf seine militärischen Funktionen und konzentrierte sich nur noch auf karitative Aufgaben.

Die Zungen hatten sich schon in der napoleonischen Ära aufgelöst. In Spanien war der Ordensbesitz trotz einer zwischenzeitlichen Rückgabe 1820 endgültig verlorengegangen, und in Frankreich hatten die verbliebenen Häuser unter König Ludwig XVIII. mit Erlaubnis des Statthalters eine Kapitularkommission gebildet, die jedoch, nachdem das Engagement des Ordens im Befreiungskampf in Griechenland in den 1820er Jahren gescheitert war, ihre Aktivitäten einstellte. In Böhmen konnte die Übergabe des Ordensbesitzes an den Maria Theresia-Orden 1811 verhindert werden, doch blieb das Verhältnis zum Konvent in Rom gespannt. Erst seit den 1860er Jahren stimmte die Ordensleitung der Bildung von katholischen Assoziationen in Italien, Frankreich, Spanien, Großbritannien, Schlesien sowie Rheinland-Westfalen und weiteren europäischen Ländern zu. In diesen waren – und sind bis heute – aber vor allem Laien zusammengeschlossen, deren Status dem mittelalterlicher *confratres* und *consorores* entsprach, während der Kreis der Brüder mit vollem Gelübde relativ klein blieb.

Der Wiederaufbau des Ordens wurde 1879 abgeschlossen, als Papst Leo XIII. den Statthalter Johann Baptist Ceschi a Santa Croce zum neuen Großmeister berief. Eine erneute Vakanz im Großmeisteramt sollte erst wieder nach dem Tod von Ludovico Chigi Albani della Rovere (1951) eintreten, als Papst Pius XII. eine grundlegende Reform des Ordens forderte. Nach den päpstlichen Einsetzungen der Jahrzehnte um 1900 wählte das Reformkapitel von 1962, das erste Generalkapitel dieser

Art seit 1776, mit Angelo di Mojana erstmals wieder einen Großmeister. Trotz der ausschließlich karitativen Ausrichtung behielt die Gemeinschaft den Namen «Souveräner Ritter- und Hospitalorden vom Hl. Johannes zu Jerusalem, genannt von Rhodos und von Malta» bei, verkürzt: «Souveräner Malteser-Orden».

Neben den katholischen Maltesern bildeten sich schon seit der Mitte des 19. Jahrhunderts protestantische Zweige aus, die die Bezeichnung «Johanniter» beibehielten. So erneuerte Friedrich Wilhelm IV. von Preußen 1852 die protestantische «Balley Brandenburg des Ritterlichen Ordens vom Spital St. Johannes zu Jerusalem», verkürzt «Johanniterorden», mit den letzten überlebenden Brüdern und umfangreichen Besitzungen der 1811 aufgehobenen Ballei. Am Hauptsitz, dem neumärkischen Sonnenburg, entstand 1858 eines der ersten vom Orden betriebenen Hospitäler mit 48 Betten. In England ging die Erneuerung der Johanniter von Adligen aus, die in den 1820er Jahren in eine Liste der französischen Brüder für eine Expedition zur Unterstützung der griechischen Freiheitsbewegung aufgenommen worden waren und auf eine Wiederbelebung des nicht formal aufgehobenen englischen Priorats setzten. Ein erster Versuch, von der Ordensleitung in Rom anerkannt zu werden, scheiterte 1843, doch kam es seit den 1850er Jahren zu verstärkten Bemühungen, den katholischen Orden in England wieder ins Leben zu rufen. Nicht zuletzt angesichts seines Engagements in der Krankenpflege wurde «The Most Venerable Order of the Hospital of St. John of Jerusalem» schließlich 1888 von Königin Viktoria zu einem Orden der britischen Krone erklärt. Auf diese Weise bildeten sich, nach der Abtrennung protestantischer Gemeinschaften in den Niederlanden und in Skandinavien von der Ballei Brandenburg (1946), neben dem katholischen Orden vier protestantische Zweige der Johanniter aus. Sie arbeiten seit 1961 auf vielfältige Weise zusammen, auch mit den Maltesern. Das um 1070 in Jerusalem begründete Hospital lebt in diesen Gemeinschaften fort.

# Ausblick

Ungeachtet gewisser Brüche, vor allem der Krise zu Beginn des 19. Jahrhunderts, können Johanniter und Malteser heute auf eine mehr als 900-jährige Geschichte zurückblicken. Ähnlich wie der Deutsche Orden bestehen sie damit kontinuierlich seit der Zeit der Kreuzzüge. Bei den Maltesern bilden allerdings – anders als beim Deutschen Orden – noch heute nach geistlichen Normen lebende Ritter den Kern der Gemeinschaft, die die Gelübde der Armut, Ehelosigkeit und des Gehorsams abgelegt haben. Aus ihrem Kreis stammt jeweils der in Rom residierende Großmeister, zurzeit der 2008 gewählte Engländer Fra' Andrew Festing. Eine Besonderheit der Malteser sind aber daneben ihre diplomatischen Beziehungen, die sich in der zusätzlichen offiziellen Bezeichnung des Großmeisters als Fürst niederschlagen. Ausgehend von ihrer Stellung auf Rhodos und Malta gelten sie heute als Völkerrechtssubjekt ohne eigenes Territorium – eine beliebte Frage in juristischen Staatsexamina. So unterhalten sie diplomatische Beziehungen zu 104 Ländern auf allen Kontinenten, zu denen auch viele Staaten ohne katholische Bevölkerungsmehrheit zählen, und eine ständige Vertretung bei den Vereinten Nationen.

Johanniter wie Malteser haben korporative Strukturen der Selbstverwaltung der Gemeinschaft entwickelt, die sich in den Details an mittelalterliche und frühneuzeitliche Vorbilder anlehnen, aber doch den modernen Bedürfnissen entsprechen. So gibt es bei den Maltesern einen «souveränen Rat», dem die Inhaber der vier wichtigsten Ämter – ähnlich wie in Mittelalter und Neuzeit Großkomtur, Großkanzler, Großhospitalier und Rezeptor des Gemeinsamen Schatzamtes – sowie weitere sechs Mitglieder aus verschiedenen Regionen des Ordens angehören, die für fünf Jahre vom Generalkapitel gewählt werden. Der Rat wird vom Großmeister zusammengerufen und tritt mindestens sechsmal im Jahr zusammen. Der Großmeister selbst wird durch den «vollständigen Rat» gewählt, der sich aus den Mitgliedern des souveränen Rats, weiteren Amtsträgern und 15 Vertretern der nationalen Assoziationen zusammensetzt, die nunmehr die Zungen abgelöst haben.

Bei den Johannitern – nicht nur in Deutschland, sondern auch in Österreich, der Schweiz, Ungarn, Frankreich und Finnland – steht die 1852 wiederbegründete «Balley Brandenburg des Ritterlichen Ordens St. Johannis vom Spital zu Jerusalem» im Zentrum, die als Kern des Johanniterordens verstanden wird. Ihre wichtigsten Institutionen sind der Herrenmeister, seit 1693 traditionell ein Mitglied des Hauses Hohenzollern, der Ordensstatthalter, der Ordenshauptmann, das Ordenskapitel aus den Leitern der regionalen Institutionen und wichtigsten Amtsträgern sowie die Ordensregierung mit einem Ordenskanzler und Generalsekretär. Die Mitglieder sind in Genossenschaften und Kommenden für die Regionen Deutschlands und weitere europäische Länder organisiert. Zurzeit zählt der Johanniterorden 3400 Ritter und zahllose assoziierte Mitglieder.

Im «Most Venerable Order of the Hospital of St. John of Jerusalem», der auch in den Ländern des Commonwealth und den USA etabliert ist, kommt dem jeweiligen britischen Monarchen das Amt eines «souveränen Hauptes» zu. Die tatsächliche Führung des Ordens liegt jedoch in den Händen des Grand Prior – seit 1974 ist dies der Herzog von Gloucester – und weiterer Amtsträger: des Lord Prior of St. John, des Prelate, Deputy Lord Prior und Sub-Prelate. Zusammen mit dem Hospitalar und den Prioren und Kanzlern der acht Priorate bilden sie den großen Rat. In den sechs Graden der Mitgliedschaft finden sich jeweils auch Frauen. Der Orden zählt allein rund 25 000 *confratres*, dazu kommen wiederum zahlreiche assoziierte Mitglieder.

Die katholischen wie die protestantischen Brüder konzentrieren sich heute auf die karitativen Aufgaben. Diese werden von zahlreichen Verbänden und Gemeinschaften wahrgenommen: vom Malteser-Hilfsdienst, der Johanniter-Unfall-Hilfe, der St. John's Ambulance Brigade, der Association des Œuvres Hospitalières Françaises de l'Ordre de Malte und anderen. Sie unterhalten Hospitäler, Krankenhäuser und medizinische Zentren in europäischen Ländern, in Afrika, Asien und Amerika. Sie kümmern sich um Kranke, Alte, Arme und Schwache, betreuen Jugendliche, unterrichten in Erster Hilfe und bieten geistliche Unterstützung.

Die selbstverständliche Präsenz der Orden und der ihnen angeschlossenen Gemeinschaften in der Gegenwart hat wohl zusammen mit der fast durchgängig positiven Wahrnehmung (und geringen politischen Instrumentalisierung) ihrer Vergangenheit dazu beigetragen, dass – anders als bei Templern und Deutschem Orden – um die Johanniter nur wenige historiografische Kontroversen geführt wurden. Dies erklärt auch, warum die Erforschung ihrer Geschichte hauptsächlich eine Sache weniger Einzelforscher geblieben ist: von Joseph Marie Delaville Le Roulx, Jonathan Riley-Smith, Anthony Luttrell und anderen. Daneben gibt es nur wenige institutionelle Ansätze, etwa am «Museum and Library of the Order of St John» in Clerkenwell, London, oder auf den Ritterorden allgemein gewidmeten Tagungen wie in Toruń/Polen und Palmela/Portugal. Die regionale Forschung nimmt dagegen vielfach die Bestände im zentralen Archiv auf Malta nicht wahr und verharrt in einer begrenzten, teilweise antiquierten Perspektive. Vielleicht können aber nicht mehr so ferne Ordensjubiläen neue Anstöße für die bessere Erschließung der vorhandenen Quellenbestände und die vertiefte, international kooperierende Erforschung der Ordensgeschichte vermitteln.

## Die Meister und Großmeister der Johanniter

Die Jahresangaben zu den frühen Meistern sind unsicher.
Zu Namen und Jahren vgl. Nicholson, Knights Hospitaller, S. XI–XII.

Gerard (bis 1119/20)
Raymond du Puy (1120–1158/60)
Auger de Balben (1158/60–1162)
Arnaud de Comps (1162)
Gilbert d'Assailly (1163–1169/70)
Cast de Murols (1170–1172)
Jobert (1172–1177)
Roger des Moulins (1177–1187)
[Ermengol de Aspa (Administrator 1188–89/90)]
Garnier de Nablous (1190–1192)
Geoffroi de Donjon (1192–1202)
Alfonso de Portugal (1203–1206)
Geoffroi le Rat (1206–1207)
Garin de Montagu (1207–1227)
Bernard de Thercy (1228–1230)
Guérin (1230–1236)
Bertrand de Comps (1236–1239)
Pierre de Viellebride (1239–1242)
Guillaume de Châteauneuf (1243–1258)
Hugues Revel (1258–1277)
Nicolas Lorgne (1277–1284)
Jean de Villiers (1285–1293)
Odo de Pins (1294–1296)
Guillaume de Villaret (1296–1305)
Foulques de Villaret (1305–1317/19)
Élion de Villeneuve (1319–1346)
Déodat de Gozon (1346–1353)
Pierre de Corneillan (1353–1355)
Roger des Pins (1355–1365)
Raymond Bérenger (1365–1374)
Robert de Juilly (1374–1377)
Juan Fernández de Heredia (1377–1396)
Philibert de Naillac (1396–1421)
Antoni Fluviá (1421–1437)
Jean de Lastic (1437–1454)
Jacques de Milly (1454–1461)
Pere Ramon Zacosta (1461–1467)
Giovanbattista Orsini (1467–1476)
Pierre d'Aubusson (1476–1503)
Émery d'Amboise (1503–1512)
Guy de Blanchefort (1512–1513)
Fabrizio del Carretto (1513–1521)
Philippe Villiers de l'Isle-Adam (1521–1534)
Pierino da Ponte (1534–1535)
Didiers de St. Jalle (1535–1536)
Juan de Homedes (1536–1553)
Claude de la Sengle (1553–1557)
Jean Parisot de la Valette (1557–1568)
Pietro del Monte (1568–1572)
Jean de la Cassière (1572-1583)
Hugues Lobenx de Verdalle (1582–1595)
Martin Garzes (1595–1601)
Alof de Wignacourt (1601–1622)
Luiz Mendes de Vasconcellos (1622–1623)
Antoine de Paule (1623–1636)
Jean Paul de Lascaris Castellar (1636–1657)
Martin de Redin (1657–1660)
Annet de Clermont de Chattes Gessan (1660)

Rafael Cotoner (1660–1663)
Nicolas Cotoner (1663–1680)
Gregorio Carafa (1680–1690)
Adrien de Wignacourt (1690–1697)
Ramon Perellos y Roccaful (1697–1720)
Marcantonio Zondadari (1720–1722)
Antonio Manoel de Vilhena (1722–1736)
Ramon Despuig (1736–1741)
Emanuel Pinto de Fonseca (1741–1773)
Francisco Ximenes de Texada (1773–1775)
Emanuel de Rohan Polduc (1775–1797)
Ferdinand von Hompesch (1797–1798/99)
Paul I., russischer Zar (1798–1801)
Giovanni Battista Tommasi (1803–1805)
[es folgen Statthalter]
Johann Baptist Ceschi a Santa Croce (1879–1905)
Galeas von Thun und Hohenstein (1905–1931)
Ludovico Chigi Albani della Rovere (1931–1951)
Angelo de Mojana (1962–1988)
Andrew Bertie (1988–2008)
Matthew Festing (seit 2008)

# Quellen und Literatur

## Gedruckte Quellen und Übersetzungen

Cartulaire général de l'Ordre des Hospitaliers de S. Jean de Jérusalem (1100–1310), hrsg. v. J. Delaville Le Roulx, 4 Bde., Paris 1894–1905.

Deutsche Pilgerreisen nach dem Heiligen Lande, hrsg. v. R. Röhricht, H. Meisner, Berlin 1880.

Documents on the Later Crusades, übers. v. N. Housley, Houndsmills, Basingstoke 1996.

Le dossier de l'affaire des Templiers, hrsg. v. G. Lizerand, 3. Aufl. Paris 1964.

Frutolfs und Ekkehards Chroniken und die Anonyme Kaiserchronik, hrsg./übers. v. F.-J. Schmale, I. Schmale-Ott, Darmstadt 1972.

Les Gestes des Chiprois, hrsg. v. G. Raynaud, Genf 1887.

The Knights Hospitallers in England: Being the Report of Philip de Thame to the Grand Master Elyan de Villanova, hrsg. v. L. B. Larking, J. M. Kemble, London 1857.

The Knights of St John of Jerusalem in Scotland, hrsg. v. I. B. Cowan, P. H. R. Mackay, A. Macquarrie, Edinburgh 1983.

Les Légendes de l'Hôpital de Saint-Jean-de-Jérusalem, hrsg. v. A. Calvet, Paris 2000.

Mémoire de Foulques de Villaret sur la croisade, hrsg. v. J. Petit, in: Bibliothèque de l'École des Chartes 60 (1899), S. 602–610.

Papsturkunden für Templer und Johanniter, hrsg. v. R. Hiestand, 2 Bde., Göttingen 1972–1984.

Sources Concerning the Hospitallers of St John in the Netherlands, hrsg. v. J. M. van Winter, Leiden 1998.

Stabilimenta Rhodiorum militum. Die Statuten des Johanniterordens von 1489/93, hrsg. v. J. Hasecker, J. Sarnowsky, Göttingen 2007.

## Literatur

### Allgemeines

The Crusades and the Military Orders. Expanding the Frontiers of Latin Christianity, hrsg. v. Z. Hunyadi, J. Laszlovszky, Budapest 2001.

A. Demurger, Chevaliers du Christ. Les ordres religieux-militaires au Moyen-Âge (XIe–XVIe siècles), Paris 2002 (dt. Die Ritter des Herrn, München 2003).

A. Forey, The Military Orders from the Twelfth to the Early Fourteenth Centuries, London 1992.

The Hospitallers, the Mediterranean, and Europe, Festschrift for Anthony Luttrell, hrsg. v. K. Borchardt, N. Jaspert, H. J. Nicholson, Aldershot 2007.
Der Johanniter-Orden. Der Malteser-Orden. Der ritterliche Orden des hl. Johannes vom Spital zu Jerusalem. Seine Aufgaben, seine Geschichte, hrsg. v. A. Wienand, Köln 1970, 3. Aufl. Köln 1988.
A. Luttrell, The Hospitallers in Cyprus, Rhodes, Greece and the West, 1291–1440, London 1978.
ders., The Hospitallers of Rhodes and their Mediterranean World, London 1992.
ders., Latin Greece, the Hospitallers and the Crusades, 1291–1440, London 1982.
ders., The Hospitaller State on Rhodes and its Western Provinces, 1306–1462, Aldershot 1999.
ders., Studies on the Hospitallers after 1306: Rhodes and the West, Aldershot 2007.
The Military Orders vol. 1, hrsg. v. M. Barber / vol. 2, hrsg. v. H. Nicholson / vol. 3, hrsg. v. V. Mallia-Milanes / vol. 4, hrsg. v. J. Upton-Ward, Aldershot 1994–2008.
International Mobility in the Military Orders, Twelfth to Fifteenth Centuries, hrsg. v. J. Burgtorf, H. Nicholson, Cardiff 2006.
H. Nicholson, The Knights Hospitaller, Woodbridge, Suffolk, 2001.
dies., Templars, Hospitallers and Teutonic Knights. Images of the Military Orders, 1128–1291, London 1995.
As Ordens Militares [...], Bd. 2 ff., hrsg. v. I. C. F. Fernandes, Palmela 1997 ff.
Ordines militares – Colloquia historica Torunensia, Bd. 1–11, hrsg. v. Z. H. Nowak, Toruń 1983–2001, Bd. 12 ff., R. Czaja, J. Sarnowsky, Toruń 2003 ff.
J. Riley-Smith, The Hospitallers. The History of the Order of St. John, London/Rio Grande 1999.
ders., The Knights of St. John in Jerusalem and Cyprus, c. 1050–1310, London 1967.
Die geistlichen Ritterorden Europas, hrsg. v. J. Fleckenstein, M. Hellmann, Sigmaringen 1980.
H. J. A. Sire, The Knights of Malta, New Haven, London 1994.

## Literatur zur Einleitung und zu Kapitel I

Acri 1291. La fine della presenza degli ordini militari in Terra Santa e i nuovi orientamenti nel XIV secolo, hrsg. v. F. Tommasi, Perugia 1996.
J. Bronstein, The Hospitallers and the Holy Land. Financing the Latin East, 1187–1274, Woodbridge, Suffolk, 2005.
N. Jaspert, Die Kreuzzüge, Darmstadt 2003.
A. Luttrell, The Earliest Hospitallers, in: Montjoie. Studies in Crusade History in Honour of Hans Eberhard Mayer, hrsg. v. B. Kedar, J. Riley-Smith, R. Hiestand, Aldershot 1997, S. 37–54.
ders., Ermengol de Aspa, provisor of the Hospital: 1188, in: Crusades, 4 (2005), S. 15–19.

J. Prawer, Crusader Institutions, Oxford 1980.
J. Riley-Smith, The Crusades. A History, 2. Aufl., London 2005.
P. Thorau, Die Kreuzzüge, München 2004.

**Literatur zu Kapitel II**

P. Bonneaud, Le prieuré de Catalogne, le couvent de Rhodes, et la couronne d'Aragon 1415–1447, Larzac 2004.
J. Burgtorf, The Central Convent of Hospitallers and Templars: History, Organization, and Personnel (1099/1120–1310), Leiden 2008.
J. Hasecker, Die Johanniter und die Wallfahrt nach Jerusalem (1480–1522), Göttingen 2008.
Hospitaller Women in the Middle Ages, hrsg. v. A. Luttrell, H. J. Nicholson, Aldershot 2006.
Z. Hunyadi, The Hospitallers in the Medieval Kingdom of Hungary c. 1150–1387, Budapest 2010.
P. Josserand, Église et pouvoir dans la Péninsule Ibérique. Les Ordres militaires dans le Royaume de Castille (1252–1369), Madrid 2004.
G. O'Malley, The Knights Hospitaller of the English Langue, 1460–1525, Oxford 2005.
J. V. Pflugk-Hartung, Die Anfänge des Johanniterordens in Deutschland, besonders in der Mark Brandenburg und in Mecklenburg, Berlin 1899.
S. Phillips, The Prior of the Knights Hospitaller in Late Medieval England, Woodbridge, Suffolk, 2009.
J. Riley-Smith, The structures of the orders of the Temple and the Hospital in c.1291, in: The Medieval Crusades, hrsg. v. S. Ridyard, Woodbridge, Suffolk, 2004, S. 125–143.
Sabba da Castiglione 1480–1554. Dalle corti rinascimentali alla Commenda di Faenza, hrsg. v. A. R. Gentilini, Florenz 2004.
J. Sarnowsky, Identität und Selbstgefühl der geistlichen Ritterorden, in: Ständische und religiöse Identitäten in Mittelalter und früher Neuzeit, hrsg. v. S. Kwiatkowski, J. Małłek, Toruń 1998, S. 109–130.
ders., Kings and Priors. The Hospitaller Priory of England in the Later Fifteenth Century, in: Mendicants, Military Orders, and Regionalism in Medieval Europe, hrsg. v. J. Sarnowsky, Aldershot, Hants, 1999, S. 83–102.
ders., Macht und Herrschaft im Johanniterorden des 15. Jahrhunderts. Verfassung und Verwaltung der Johanniter auf Rhodos (1421–1522), Münster 2001.
ders., Das historische Selbstverständnis der geistlichen Ritterorden, in: Zeitschrift für Kirchengeschichte 110, 3 (1999), S. 315–330.
D. Selwood, Knights of the Cloister. Templars and Hospitallers in Central-Southern Occitania, 1100–1300, Woodbridge, Suffolk, 1999.
B. Waldstein-Wartenberg, Die Rechtsgeschichte des Malteserordens, Wien/München 1969.
ders., Die Vasallen Christi. Kulturgeschichte des Johanniterordens im Mittelalter/Wien/Köln/Graz 1988.

### Literatur zu Kapitel III und zum Ausblick

Hospitaller Malta, 1530–1798: Studies on Early Modern Malta and the Order of St John of Jerusalem, hrsg. v. V. Mallia-Milanes, Msida 1993.
A. Luttrell, The Town of Rhodes, 1306–1356, Rhodes 2003.
V. Mallia-Milanes, Venice and Hospitaller Malta, 1530–1798. Aspects of a Relationship, Marsa 1992.
The Military Orders and the Reformation. Choice, State Building, and the Weight of Tradition, hrsg. v. J. A. Mol, K. Militzer, H. Nicholson, Hilversum 2006.
J. Sarnowsky, Die Johanniter und Smyrna 1344–1402, in: Römische Quartalsschrift, 86 (1991), S. 215–251, und 87 (1992), S. 47–98.
N. Vatin, L'Ordre de Saint-Jean-de-Jérusalem, l'Empire ottoman et la Méditerranée orientale entres les deux sièges de Rhodes 1480–1522, Louvain, Paris 1994.

Mein besonderer Dank gilt Cordula Franzke, Sebastian Kubon und Joachim Laczny für die gründliche Durchsicht des Manuskripts und zahlreiche Hinweise. Ebenso möchte ich Dr. Anthony Luttrell, Bath, für die Anregungen danken, die er mir und vielen anderen für die Erforschung des Johanniterordens vermittelt hat.

# Personenregister

Abkürzungen: B. = Bruder des Johanniterordens, Kg. = König, Ks. = Kaiser, M. = [Groß-]Meister der Johanniter